FSC
www.fsc.org
MIXTE
Papier issu
de sources
responsables
Paper from
responsible sources
FSC® C105338

Yves HAJOS

2023 LE DÉSASTRE

Mensonge

Arrogance

Clientélisme

Répression

Orgueil

Nombrilisme

© 2023 Yves HAJOS

Édition : BoD – Books on Demand, info@bod.fr
Impression : BoD – Books on Demand, In de Tarpen 42, Norderstedt
(Allemagne)

Impression à la demande

ISBN : 978-2-3224-5273-6
Dépôt légal : Mai 2023

Avant-propos

Mon livre *Soumis ou Libre,* publié en février 2022, s'achevait avec la chanson rebelle *Les Partisans.* Je vous propose celui-ci avec la même force de bravoure et de conviction que les femmes Iraniennes luttant avec un courage héroïque pour leur liberté en chantant *Bella Ciao,* l'hymne de la contestation. Mes constats basés sur des faits concrets commencent principalement en septembre 2022 pour se terminer en avril 2023.

Cependant, dès la nomination de Pap N'Diaye au poste de ministre de l'Éducation nationale, connu pour ses positions racialistes, je me suis indigné. J'ai éprouvé un profond malaise en pensant au SMS envoyé par Sibeth Ndiaye, ex-Porte-parole d'Emmanuel Macron : « *Yes la meuf est dead* ». Ie reflet de son caractère et de ses sentiments renforce l'aveu de Jean-Michel Blanquer, l'ex-ministre de l'Éducation: « *Le discours égalitariste est destructeur. Il a surtout poussé à détruire des choses qui fonctionnaient parfaitement* ». Madame Ndiaye est supposée connaître l'Histoire de notre pays et les règles de notre société, contrairement aux adolescentes *illettrées,* condamnées à couper de la viande aux abattoirs GAD. Pourtant, elle commente avec désinvolture, voire avec mépris, la mort de Madame Simone Veil. L'ancienne rescapée du camp de la mort le plus abominable imaginé par les nazis, celui qui réduisait un être humain à un simple numéro. Une dame sensible, une dignité exemplaire pour l'immense majorité des Français et des Européens. Sibeth Ndiaye ! Lisez la réponse de Jean d'Ormesson au discours de réception de Simone Veil à l'Académie Française le 18 mars 2010. « *Il y a en vous comme un secret: vous êtes la tradition même et la modernité incarnée. Je vous regarde, Madame, vous me faites penser à ces grandes dames d'autrefois dont la dignité et l'allure imposaient le respect. Et puis, je considère votre parcours et je vous vois comme une de ces figures de proue en avance sur l'histoire.* »

Introduction

Dès les années 1960 de la période heureuse de notre fulgurant redressement économique, le gouvernement programmait la fin de notre sidérurgie en ordonnant la fermeture de nos mines de charbon. Même si notre industrie jouissait d'une progression constante, des théoriciens, bardés de diplômes, envisageaient déjà une France post industrielle, tournée prioritairement vers une société de services et de tourisme.

À l'usine, pour un travail répétitif ne nécessitant aucun effort de réflexion - je suis bien placé pour l'affirmer, car j'avais accompli un stage ouvrier chez Citroën en 1969 -, le patronat complétait le besoin immense de main d'œuvre par des gens en provenance principalement d'Algérie, de Tunisie, du Maroc et du Sénégal, quatre pays ayant des coutumes et des traditions rétrogrades par rapport à notre mode de vie. Souvent peu instruits, peu contestataires de surcroît, ils étaient du pain béni pour nos dirigeants calculateurs. Si avides de tirer les salaires vers le bas afin de mieux gonfler leurs profits. Alors que l'apparition des premières commandes numériques imaginées et fabriquées en France offrait déjà un double avantage. La réduction du nombre de tâches monotones, répétitives et peu rémunérées, ainsi qu'une meilleure productivité avec moins de bras maladroits si merveilleusement illustrés dans le film *Les Temps Modernes.* Nos politiciens, incapables d'anticiper tous les métiers voués à disparaître selon un schéma planifié, furent peu clairvoyants sur la profonde mutation technologique. Y compris dans l'accompagnement de la formation des ouvriers. Piloter des nouvelles machines très sophistiquées nécessite de recruter des techniciens et des ouvriers qualifiés compétents, d'abord parmi ceux de nationalité française puis, en cas de besoin supplémentaire, auprès des étrangers qui montrent un réel intérêt à vivre en France en suivant nos règles.

Le premier choc pétrolier, en 1973, accélère la mutation industrielle. Malgré les 900 000 demandeurs d'emplois dus à l'abandon de nos mines de charbon, à la différence de l'Allemagne, une décision irréfléchie et irraisonnable nous est imposée en 1976 : le regroupement familial. Depuis cette date fatidique, les politiciens appliquent des choix politiques et sociétaux en contradiction avec une économie de progrès et de bon sens. Nos élus et nos énarques sont déjà tournés vers le monde du futur. Pire, ils sabotent le pays aux traditions et à sa culture presque deux fois millénaires, et à son positionnement unique sur l'influence des religions. La fracture sociale n'est pas la seule à poindre discrètement au début des années 1980. D'autres cassures de notre identité surgissent dans un anonymat presque complet. Car rares furent les politiciens, les journalistes et les écrivains à nous alerter sur les malheurs qui s'abattent sur la France. Macron est-il le seul responsable? Non ! Bien évidemment. Plus de quarante ans « d'abandon industriel » reconnu tardivement le 25 octobre 2022 par Bruno Le Maire, le maître incontesté dans l'art de retourner une veste et un pardessus en sont la cause essentielle. Le PS des Mitterrand et Jospin, les LR, UDI, MODEM du gouvernement Sarkozy et, précédemment de celui de Chirac, sont autant responsables et coupables. Sauf que depuis ces deux dernières années, les troubles et les atteintes aux personnes explosent quotidiennement.

Aujourd'hui, la France, coupée en deux, accentue les clivages. D'un côté, les possédants bien nés et bien installés, bien instruits dans les écoles privées réservées à l'élite, des privilégiés imbus d'eux-mêmes, indifférents à la misère humaine. Sauf quelques jours par an. Là, ils ordonnent au peuple, par le biais de nos artistes lèches-bottes, de s'émouvoir pour les bonnes causes programmées par le gouvernement. De l'autre, les sans-grades, avec un cerveau trop plongé devant la télé orientée et abêtissante sont rejetés par un État peu intéressé par leurs conditions difficiles. Ainsi, par manque de réactivité, les ″sans dents″, exclus de nombreux avantages réservés à d'autres, beaucoup plus vindicatifs, soit ils souffrent en silence dans les zones désertifiées soit ils ont fini par se plier aux volontés de *l'envahisseur* qui a pris possession sur les territoires de leurs ancêtres avec l'étendard d'un islam intolérant.

En privilégiant une France de vendeurs, de serveurs, de voituriers, disponibles à tout moment, les UBER avant l'heure, ils confirment leurs souhaits de rayer le mot France de la carte, au détriment de la valorisation de l'artisanat, d'une agriculture de masse mais de qualité, à la différence de ses voisins qui cultivent en abondance avec des normes bien moins contraignantes que celles imposées aux nôtres, des métiers à hautes compétences tels les ingénieurs, les chercheurs, les scientifiques, ou même des professeurs de Français désireux de préserver la richesse et les subtilités de notre langue afin de continuer à dialoguer ou s'opposer par le verbe et non par le coup de poings.

En fait, le recul sociétal commence dès le milieu des années 1970 dans les collèges des banlieues "rouges" parisiennes où les parents viennent principalement d'Afrique du Nord. L'abaissement du niveau de connaissances des élèves dans le collège de Saint-Ouen mentionné dans le livre: *Soumis ou Libre* ne fait pas encore tache d'huile dans les banlieues huppées ou les quartiers chics de Paris. Encore peu visible pour la majorité des Français, il laisse indifférents le Rectorat et le gouvernement. L'islamisme conquérant, la religion sûre de sa foi, l'accélérateur de la perte progressive de notre identité, notre prochain péril, personne n'en parle. Le sujet était-il déjà tabou dans les années 70 ou de peu d'intérêt? Les deux, je pense.

Seul un politicien eut la clairvoyance de signaler tous les malheurs qui s'abattront sur la France. Hélas, il a perdu toute crédibilité avec: *"Ce n'est qu'un point de détail"* et ses jeux de mots aux relents antisémites, *"Durafour Crématoire"*. Le langage déplacé de Jean-Marie Le Pen, le borgne nostalgique de l'Algérie française, est condamnable. Veut-il vraiment du pouvoir avec tous les devoirs et toutes les exigences qui en incombent ? Ou préfère-t-il se cantonner dans le rôle de l'opposant non constructif à l'instar des partis en place. Ils protègent leurs privilèges et, à tour de rôle, ils se partagent le gâteau en créant maintes et maintes commissions ou associations afin de caser les recalés si les Régions ou l'Assemblée Européenne, des machines à récompenser ou placer, n'arrivent plus à tous les absorber. Tous ne sortent pas de l'ENA.

Durant le débat tendu entre Philippe Seguin et François Mitterrand à propos du référendum de Maastricht, des Français prennent conscience de l'autre plaie, les dangers du mondialisme. L'accord obtenu de justesse en septembre 1992, pouvait cependant être inversé, si Seguin, soi-disant respectueux de la fonction Présidentielle, s'était montré plus pugnace que révérencieux. Plus la discussion avançait plus les Français, concentrés devant l'écran de la télé, voyaient, avec consternation, le pachyderme se ratatiner et se faire laminer par François le roublard. Soyez assurés qu'avec une grosse masse incapable de se mouvoir avec agilité, à la place du dynamique capitaine Leclerc, imaginatif et meneur de troupes, en mars 1941, le serment de Koufra n'existait pas. Les rares opposants à Pétain, à l'époque, ne se seraient jamais tapé 1 700 kilomètres dans la poussière, sous une chaleur exténuante et avec un seul char, pour s'emparer d'un fortin stratégique dans des conditions acrobatiques qui frisent la prestidigitation. Jean-Marie Le Pen, un orateur exceptionnel, il faut bien l'avouer même si je l'apprécie peu, aurait mieux percuter Mitterrand.

Mais, déjà en ce temps-là, s'exprimer sur les divergences de choix de société n'était pas autorisé à tout le monde. Jacques Chirac, si décevant face à Mitterrand en 1988, refusa d'affronter au second tour des Présidentielles en 2002 la surprise Le Pen. En 2020, aux municipales de Nice, Christian Estrosi, conscient de ses limites face à Marion Maréchal Le Pen lors des Régionales en 2015, esquiva le débat télévisé du second tour face à son opposant RN Philippe Vardon, un meilleur débatteur. Christian Estrosi se trompe lourdement.

D'abord, le fascisme a disparu depuis 1945 en France.

Ensuite, à la différence de La Nupès qui a pour objectif premier de renverser nos valeurs démocratiques comme au temps des communistes Staliniens, le RN respecte les règles de la République.

Les Trente Glorieuses ne furent pas bénéfiques pour nos campagnes bétonnées avec l'installation des hyper-marchés à l'extérieur des villes, sans se soucier des détériorations sur la nature et son environnement, grâce au concours des politiciens carriéristes. Encore moins pour nos agriculteurs tant les acheteurs les pressaient de diminuer leurs prix de vente, en oubliant volontairement que leurs prix de revient étaient supérieurs à ceux des pays européens aux coûts salariaux bien inférieurs à ceux pratiqués en France et aux normes moins strictes que les nôtres. La compétitivité a des limites.

Les suicides chez nos paysans n'apparaitront que vingt ans plus tard, tout comme les conséquences négatives sur la qualité de notre alimentation et de notre santé. À cette époque, les vrais écologistes étaient peu entendus.

Le camp du bien de la France, pays à l'origine du droit à la liberté d'expression et du blasphème acquis si chèrement dans la douleur, met au ban de la société les gens vigilants. Il réprimande les lanceurs d'alerte qui dérangent trop le système à l'instar de Stéphanie Gibaud durement pénalisée pour avoir dénoncé l'évasion fiscale commise par sa banque UBS pour favoriser les personnes aux revenus très confortables Il ôte toute contestation ou tout goût du risque à des Français de plus en plus routinier, en utilisant des artifices qui ont fait leurs preuves : Extrême droite ! Fasciste ! Antisémite ! Raciste ! Naturellement avec le concours des médias, très indulgents pour l'Extrême gauche, adorateur du Trotskysme. À force de l'élucubrer, ils en deviennent ridicules tellement ils ne sont pas crédibles car depuis 1945 la France n'est plus dirigée par des nazis qui n'ont plus aucune influence, excepté en Ukraine, le pays fier de célébrer Stepan Bandera l'antisémite.

Cependant, il demeure primordial de dénoncer et de réprimander toute dérive d'une minorité nuisible nostalgique du nazisme, d'où l'importance des témoignages à l'école ou ailleurs sur l'obsession d'Hitler et de ses comparses, jusque dans les milieux juridiques, intellectuels et industriels, d'éradiquer les Juifs sur tous les territoires occupés par les armées allemandes. Car, en 2023, convenons-le, les antisémites, on les retrouve surtout, et en grand nombre, parmi les islamo-gauchistes.

Bon sang! L'Europe n'a pas retenu toutes les compromissions et les lâchetés des Anglais et des Français qui réagirent mollement lors de l'envahissement de la Pologne par l'Allemagne en 1939. Le monde libre découvrit les conséquences atroces de la Solution Finale à Auschwitz le 27 janvier 1945, étonné et horrifié.

Alors que bien avant *l'Anschluss*, l'annexion de l'Autriche le 13 mars 1938 dans une indifférence diplomatique internationale, Hitler, durant sa détention en 1924 et 1925, avait tout programmé dans son livre maudit *Mein Kampf*. D'ailleurs, il mit en application ses théories dès 1932. C'est-à-dire, avant sa prise du pouvoir.

Hélas ! La Gauche a abandonné depuis plus de quarante ans ses valeurs et son soutien aux ouvriers français. La secrétaire d'État, Marlène Schiappa, l'admit le 2 mars 2023: « La Gauche a abandonné les vertus de la laïcité ». La Gauche pactise avec les adorateurs d'Allah. Elle déverse leur mauvaise foi et leur dangerosité, à l'image du vaniteux Mélenchon: « La République c'est moi! »

Quant aux progressistes, aux libéraux, ou ceux qui s'apparenteraient plus à des radicaux socialistes, les Macron, Pécresse, Bayrou, Ferrand, Gérard Collomb, Estrosi, à la grande majorité des artistes protégés par l'exception culturelle grâce au *réactionnaire* Jean Zay, et bénéficiant d'un régime spécial en cas de chômage, et aux bourgeois nantis, ils glorifient les bienfaits du *vivre ensemble*. Facile ! Quand, confortablement installés dans des endroits sécurisés loin des gueux et d'autres, ils ne goûtent pas quotidiennement, 24 heures sur 24, aux inconvénients du *vivre avec ou à proximité de la chance de la France*. Dans des endroits de rêve, loin des conditions de vie de la France de la périphérie, de celle du 93 ou des Moulins, de l'Ariane ou d'autres quartiers analogues à Nice, ils vantent les avantages de la mondialisation. Ils ne s'opposent pas aux ravages du wokisme. Leurs enfants fréquentent les bonnes écoles, contrairement à la majorité des Français endoctrinés qui, à force d'entendre ou de voir les messages passés en boucle ou de les lire, enregistrent sans chercher à comprendre, encore moins à réagir. Grâce au concours complice de nos médias aux mains de grands capitalistes, ou des chaines publiques financées par tous les Français, pour le seul profit d'une minorité égoïste largement bien pourvue, le peuple est si bien apprivoisé ou dégoûté qu'il s'abstient de voter. Ainsi, au Salon de l'Agriculture du 25 février 2023, devenu une façade qui masque la dure condition de nos paysans, Macron le grand bénéficiaire de ce désintérêt, affirme sans vergogne à une personne contestataire, sélectionnée par son équipe, détenir la légitimité des urnes. Certes, il la possède. Mais avec 28,01% de Français qui s'abstiennent de se déplacer en avril 2022, et 2 233 904 électeurs qui votent blanc, sa légitimité repose sur un socle d'argile. De plus, parmi les 18 768 639 voix comptabilisées pour Macron, combien ont voté contre Marine Le Pen, la chouchou de Macron et de tout candidat qui doit l'affronter au second tour. Une candidate si peu mordante qu'elle esquiva les enjeux essentiels. Une opposante au triomphe retentissant alors qu'elle obtint moins de 42% de voix. Soit seulement 6% de plus qu'en 2017 après son débat catastrophique. Poulidor, aussi l'éternel second, jouait moins le faraud. En fait, comme son père, elle semble heureuse de gérer sa petite entreprise. Mal! Sa boutique serait criblée de dettes.

Dommage ! La réalité contredit les ardents défenseurs de la France du bien *vivre ensemble*. Toutefois, le Regroupement familial n'est pas le seul responsable de la dégradation du pays, de l'effondrement du niveau scolaire ou de la détérioration de la qualité des soins dans les hôpitaux. Les syndicats, des politiciens, des maires et des électeurs influençables et craintifs portent une lourde part de responsabilités.

Dans un futur proche, *penser par soi-même* sera-t-il encore toléré? Observons ce qui se passe à Hong Kong depuis le 1er juillet 1997, date de la rétrocession de ce bout de territoire à la Chine, la mère patrie communiste. Les libertés de réflexions et d'expression à la mode occidentale dont jouissaient les habitants de Hong Kong durant les 156 ans de souveraineté britannique s'amenuisent chaque jour. La Presse, en France, est-elle déjà si muselée pour s'en émouvoir si mollement? Macron, lors de la crise du Covid a bien abusé de ses prérogatives avec son passe sanitaire, synonyme de mise au pas du peuple. Sans que ceux qui braillaient en mai 68:"Liberté", "SS", "Le pouvoir au peuple" ne réagissent. Les égoïstes froussards n'ont pas soutenu la jeunesse à qui on a brisé les espoirs d'une vie libre et insouciante.

Aujourd'hui, mes remarques pertinentes seront plus difficilement brocardées depuis les révélations du *Daily Telegraph* du 8 mars 2023, un grand quotidien britannique qui fait office de contre-pouvoir, à la différence du *Monde*, de *Libération, Politis* et d'autres journaux. Il est à l'origine, grâce à la journaliste Isabel Oakeshoft, indignée par de telles manœuvres, des fuites sur WhatsApp entre Boris Johnston, l'ex-Premier ministre et Matt Hancock, son ministre de la Santé. Le quotidien conservateur les a nommées: « The Lockdown files ». La gestion du covid fut gérée de manière effroyable. En faisant preuve d'autoritarisme, ils ont pris des mesures indignes en mentant et en manipulant l'opinion. Ils ne se sont pas appuyés sur les données scientifiques. Ils savaient que le confinement était inutile. D'ailleurs, la Suède ne l'avait pas appliqué. Il n'y eut pas plus de morts. Ils savaient que le masque pour les enfants ne servait à rien. Ils connaissaient les conséquences psychologiques terribles dans les écoles. Sur la variante, ils n'ont pas hésité à instrumentaliser la peur pour parvenir à leurs besoins. « Il faut leurs foutre la trouille. Il faut qu'ils fassent dans leur pantalon », explique le ministre de la Santé. En France, Olivier Véran eût le même comportement despotique. L'autoritaire a conditionné les Français en jouant sur la peur. Espérons, qu'en France également, leurs narratifs puissent s'écrouler. Que des journalistes exigent aussi un jugement salutaire. Macron et le gouvernement se sont comportés en dictateurs avec le concours des Députés de la majorité absolue, cette année-là. Malheureusement, pour nous Français, la tâche est bien plus ardue à accomplir qu'en Angleterre. Le perfide Macron, grave et solennel, en déclarant la guerre contre un virus, l'ensemble des décisions ont été prises en conseil de défense en petit comité autour de Macron lui-même. Cerise amère sur le gâteau, ces décisions arbitraires sont classées secret défense.

Le 7 avril 2023 sur *CNews*, le professeur Didier Raoult qui avait soigné du Covid Christian Estrosi, maire de Nice et grand soutien de Macron depuis 2017, enfonce le clou. Il parle des nombreux effets secondaires chez les plus jeunes et des conséquences inconnues de l'ARN dans notre cerveau. Un constat cinglant que les chauds partisans de vaccins Pfizer à répétitions contredisent si difficilement qu'on les entend à peine.

1

28 septembre 2022. Coup de tonnerre au Conseil Municipal de la ville des Mureaux. Le socialiste Boris Venon, deuxième adjoint au maire des Mureaux, en charge notamment de la mission Cœur de Ville et de la rénovation urbaine, fait une révélation fracassante à ses collègues médusés : « ***Je suis menacé de mort*** ! ***Je démissionne***. »

Le mal profond subit par la France depuis plus de quarante ans, chaque année avec plus d'atrocités, de crainte, d'angoisse et d'exclusion, vient de frapper de plein fouet Boris Venon. Sévèrement agressé, l'élu socialiste aux convictions restées profondément ancrées à gauche tire sa révérence.

Avant de comprendre les raisons qui l'ont poussé à prendre une décision radicale si soudaine, recherchons les causes essentielles de sa peur. L'arrivée d'une nombreuse population ayant ses propres mœurs et des coutumes différentes des nôtres, en plus d'une religion non ancrée en France jusque dans les années 1960, a provoqué une grande différence entre les quartiers anciens et les plus récents. De quoi ébranler des habitants de la ville des Mureaux dans les Yvelines, si chère au cœur de Boris Venon. Elle symbolise, en fait, tout ce qui se passe en France aujourd'hui, dans n'importe quel endroit de notre territoire, avec plus ou moins de tension. La révélation de Boris Venon justifie parfaitement la pertinence et la justesse de mes écrits. En les parcourant, garder à l'esprit que depuis plus de 2 000 ans, la vie n'a jamais été un long fleuve tranquille. Trop idéaliser un passé en effaçant volontairement ou inconsciemment les faces sombres n'est pas recommandé.

***

L'établissement du Regroupement familial fut la première erreur de Giscard. Le brillant visionnaire a-t-il péché par excès d'optimisme, de naïveté, de dédain vis-à-vis des ouvriers et des employés français, ou capitulé face aux avides industriels, soucieux avant tout de gonfler leurs bénéfices. En effet, sa démonstration avec brio sur l'évolution du monde industriel grâce aux progrès technologiques ignore les conséquences prévisibles de la diminution d'une main d'œuvre peu qualifiée, étrangère surtout. Pour l'esprit libéral, les hommes sont-ils interchangeables ? Quand il se rend compte de sa bévue monumentale, le pouvoir malveillant des juges contrarie sa volonté de la rectifier. Entre-temps, Mitterrand, victorieux en 1981 avec le concours de son *ami* Marchais le communiste et Fabre le radical de gauche, maintient et renforce la sottise de Giscard, beaucoup plus nocive que généreuse. La victoire de la gauche fut acquise de justesse grâce à la trahison de Chirac, juste bon pour critiquer bassement les odeurs de la cuisine indienne, plutôt que d'avertir les Français sur les vraies racines du mal. L'ambitieux avait donné des consignes de vote à ses sympathisants aussi serviles et irréfléchis que ceux de La Nupès en juin 2022 : « Mes grands amis ! *Achevons* Giscard ! Croyez-moi ! Nous rebondirons très rapidement ! » S'exclame le fougueux Chirac, un stratège aussi affuté que Bazaine ou Gamelin. Quatorze ans plus tard, il s'empare du pouvoir et les menaces qui sévissent en France augmentent. Giscard admit sa faute inadmissible seulement en 1991: *La France subit une invasion de gens qui n'ont rien à faire sur le sol français.* Aujourd'hui, le mal est pratiquement irréparable.

Toujours avec le manque de fermeté de Chirac et de ses successeurs, la Droite est incapable de s'extraire du piège tendu par Mitterrand, plus prompt à dénoncer un fascisme virtuel brisé définitivement en 1945 que de nous avertir sur le seul danger qui menace véritablement la France : l'islamisme rampant. Depuis des décennies, nos politiciens taiseux s'acharnent à nier la réalité. Ils s'abritent dans un silence honteux afin de continuer à profiter d'un système corrompu qui leurs permet de conserver leurs privilèges et leurs prérogatives au détriment de l'intérêt général.

Ainsi, nos gouvernements successifs ont abandonné progressivement des pans entiers de nos territoires et laissé, par extension, une frange de plus en plus importante de la population française à la merci d'un groupe hostile et intolérant.

Nos responsables politiques n'ont pas retenu la page amère de notre histoire quand, en 1962, des harkis et des pieds-noirs furent dépouillés, massacrés et égorgés par des Algériens. Aujourd'hui, un bon nombre de leurs descendants nous menacent sur le sol français, au point de nous huer en 2001 au Stade de France lors du pitoyable match de foot entre la France et l'Algérie, ou de défiler en conquérants en 2021 sur les Champs-Élysées après la finale de la coupe des Nations en Afrique, en brûlant des voitures et en dévalisant des magasins.

Avec encore plus de violences et de haine en 2022 et en 2023, comme les chapitres suivants le démontreront.

Leur lâcheté et leur politique de l'autruche ont permis la création d'un communautarisme religieux inédit en France. En effet, l'islam applique avec rigueur les principes ordonnés par Mahomet. Il réduit à néants la foi *laïque* et l'enthousiasme de nos derniers hussards noirs. Un islam pratiquement inexistant en France jusque dans les années 1870. La période où la question de l'Algérie prit une accélération nouvelle pour compenser la perte de l'Alsace et la Lorraine. Dès les années 1980, les effets pervers commencèrent dans des endroits peuplés principalement de musulmans. Un islam progressant pas à pas encore dans l'ombre, d'une manière insidieuse mais également menaçante, car les habitants furent les premiers à se plier devant la religion " de la paix et de l'amour ".

Les médias, aux ordres, ne relaient pas le terrible dilemme des chefs d'établissements publics et de quelques professeurs. Les premiers avouent, la rage au ventre, ne plus pouvoir garantir la sécurité aux élèves juifs dans l'enceinte de la République. Les seconds, par crainte des représailles, ne mentionnent plus la Shoah. Si bien que la communauté juive, présente bien avant eux fut obligée de choisir entre détaler ou se protéger. Le tout dans un silence assourdissant.

Aujourd'hui, suite aux carnages à Charlie Hebdo, à l'Hyper Casher, au Bataclan, à la promenade des Anglais à Nice, entre autres, il est impossible de masquer les pires exactions commises au nom d'Allah.

Malgré le contrôle des médias par une classe dirigeante indigne, malgré la promotion très orientée et partisane de l'Union Européenne, une bonne partie de la population restée française constate avec effarement que si en 1940 le volcan crachait du nazisme sur notre pays vaincu, il vomit aujourd'hui un danger aussi mortifère, si ce n'est plus, contre notre identité, notre culture, nos mœurs, notre cohésion, notre liberté car ces atrocités commencèrent dès le 8ᵉ siècle.

Le grand changement est présent partout. À Roubaix, Grenoble, Dijon, Lyon, Nice, Marseille, Nantes, Rennes, Bordeaux, les zones de non-droit sont devenues un fait accompli. Dans des rues sinistres où sur les trottoirs la burqa et la djellaba sont devenues la tenue vestimentaire de rigueur, les barbus prolifèrent et surveillent. Mètre par mètre, l'ennemi de la véritable démocratie nous impose sa religion et ses habitudes patriarcales. Disparue la librairie du quartier, celle qui permettait aux jeunes avides de curiosité de découvrir les Flaubert, Zola, Camus, Verlaine ou Georges Simenon, un des maîtres du polar. Le local hallal impose exclusivement les pensées d'Allah. Les nouveaux lecteurs savent-ils que Mahomet avait plus de 50 ans quand il épousa la petite Aïcha de 6 ans.. Telle une marée conquérante, il se répand jusque dans les villes moyennes ou petites. En 2022, Néron veut l'imposer à Callac. Le petit et calme village deviendra la première « Californie française » à vivre aussi harmonieusement que dans les nombreuses portions de territoires du *neuf-trois*, avant d'étendre l'expérience sur toute la Bretagne. La police, les pompiers, les médecins ou Chronopost, au courant du traitement qui est réservé à leurs collègues de Seine-Saint-Denis, sont-ils prêts à accueillir avec bienveillance ceux qui glorifie Allah à tout instant ? La mairie de gauche de la capitale a devancé les idées farfelues des élus écologistes khmers Verts. Inutile de prendre l'avion. En plus de la surmultiplication de rats depuis 2022, nous découvrons des pans entiers de Paris avec des quartiers où une diversité mal intégrée a terni sa réputation. Adieu la vie exaltée de la Parisienne dans l'insouciance et les cheveux aux quatre vents, rassurée partout, y compris dans le métro à n'importe quelle heure du jour ou de la nuit. Aujourd'hui, même au Champ de Mars, près du Trocadéro, la menace est permanente.

Parisiens bobos des beaux endroits encore préservés ! Vous doutez mais vous craignez les transports en commun à la lecture des statistiques du ministère de l'Intérieur en 2021, 93% des vols sans violence dans le métro, les trams et les RER ont été causés par des pickpockets étrangers. Je partage vos craintes de vous faire détrousser la Rolex, la bague Cartier ou le portefeuille Lancel. Il pourrait contenir plusieurs milliers d'euros en liquide. Quelques vendeurs refusent la carte bleue. Aventurez-vous à la Chapelle-Pajol et constatez le fossé culturel. Les femmes ne sont plus libres de se mouvoir en jupe et en corsage. Des islamistes intolérants, aux regards fielleux et respectueux des principes belliqueux écrits dans le Coran observent leurs moindres mouvements. La créature inférieure, la *mineure à vie,* est confinée dans sa chambre, interdite de dialoguer librement avec l'extérieur. La femme voilée n'existe plus dans le regard des autres. Le seul droit qui lui reste, avant le lavage complet du cerveau, est de se blottir contre la fenêtre pour rêver à un autre monde. Déclassée, dans l'impossibilité de s'intégrer, ses enfants suivront inconsciemment les écrits rigoristes de la religion plutôt que de découvrir nos principes d'ouverture, de progrès et de tolérance. Ainsi, à l'instar des pays d'Europe Centrale, au lendemain de la seconde guerre mondiale, sous la domination de la terreur communiste, ils dénonceront sans état d'âme leurs parents récalcitrants. Disparue une Anne Frank capable d'écrire un *journal* en scrutant l'extérieur pour relater la réalité, ses angoisses, ses craintes. La pauvre ! Déjà interdite de s'exprimer, elle ignore les nombreux mots de la langue française, la manière de les assembler avec aisance et d'une façon structurée. L'Éducation nationale, sous la pression du wokisme, a abandonné depuis fort longtemps sa mission première, la transmission du savoir et de ses règles grammaticales. Elle n'est déjà plus libre. Le peuple, si nous ne réagissons pas, ne tardera pas à la rejoindre.

Existerait-il dans les coins paupérisés et lugubres de Paris un laxisme ou une tolérance accordée avec complaisance par nos instances supérieures irresponsables par rapport à nos lois ? Afin de permettre à une idéologie mortifère de prospérer légalement en se basant dans sa forme religieuse la plus intolérante. La peur sécuritaire, la souffrance, l'angoisse indicible, l'inquiétude identitaire des Français indigents les plus fragiles, ceux privés d'emplois ou ceux condamnés à vivre auprès d'une population étrangère conquérante qui refuse le vivre ensemble, sont devenues leur lot quotidien. Des gens venus d'horizons lointains s'accrochent, avec violence parfois, à leurs coutumes les plus arriérées et inégalitaires pour nier et refuser catégoriquement notre esprit d'ouverture et saper les fondations de notre socle Républicain. L'obscurantisme, bien présent, règne en maître. Hélas ! Après la cruauté du nazisme dès 1933 jusqu'en 1945, et celle du communisme, immédiatement à sa prise du pouvoir en 1917 avant de sombrer en 1986, même s'il perdure en Chine et en Corée du Nord, les politiciens conservent-ils la force de s'opposer au nouveau fléau qui décime la France. Aujourd'hui, plus de deux milliards d'adeptes se réfèrent à un Mahomet obtus. Il n'admet pas la contradiction. L'islam, présent de manière sournoise, est bien le plus perfide des trois totalitarismes. C'est au nom de la religion que le peuple doit se plier. N'oublions pas les ravages du wokisme et les visées de l'ordre progressiste mondialiste. La démocratie pour le peuple, par le peuple, au nom du peuple, il n'en a que faire.

Alors, pour ne pas reconnaître leurs torts, Macron et Mélenchon – ce dernier veut seulement la peau du RN, jamais celle du LREM -, estiment que le *bien-vivre ensemble* ou la *Créolisation* sont des chances inestimables pour la France. Les médias, nos nouveaux grands professeurs, relaient leurs messages destructeurs de notre identité et de la Nation. Ils endoctrinent une foule facile à manipuler et à orienter en l'abreuvant de pubs et d'émissions abêtissantes. Ainsi on crée une mentalité de masse, au point qu'une grande majorité de Français ne réalisent plus qu'ils subissent une vie pire qu'étriquée et corsetée. Une vie qui ne nous appartient pas. Qui ne nous appartient plus.

À l'islam de s'adapter à la loi de 1905 sur la séparation des Églises et de l'État.

À l'islam d'intégrer et d'assimiler nos valeurs et non l'inverse.

Sinon, l'islam tentaculaire qui bénéficie de la mansuétude et de l'appui de nombreux journalistes, de politiciens et surtout de l'Union

Européenne, comme le pointe avec lucidité le LR François-Xavier Bellamy, n'a pas sa place en France.

Les cultures, les mœurs qui nous imposent leurs modes de vie et dénigrent la femme ne correspondent pas également à nos valeurs.

Réactualisons la citation de Stanislas de Clermont-Tonnerre du 23 décembre 1790 à propos des Juifs : « *Il faut tout refuser aux Musulmans comme nation et tout accorder aux Musulmans comme individus. Il faut qu'ils ne fassent dans l'état ni un corps politique ni un ordre. Il faut qu'ils soient individuellement citoyens.*

Souvenez-vous de la foule devant Mussolini, Hitler…
Souvenez-vous de la foule devant Staline, Mao, Pol Pot, Castro…
Souvenez-vous de la revendication du bonheur absolu prôné par Robespierre. Une quête de la félicité remise au goût du jour par l'islamo-gauchiste-écologique Sandrine Rousseau. L'hystérique dictatrice de la surveillance de la pensée correcte et du partage de la planche à repasser déjà imposé à son mari domestiqué veut transmettre la corvée des tâches ménagères aux autres époux.

La foule endoctrinée *ne pense plus, ne réfléchit plus, ne raisonne plus, n'ose plus, n'agit plus, ne se rebelle plus.* La foule soumise *obéit.*

Français ! Méfiez-vous de toutes les formes de totalitarisme.

***

Boris Venon ! Mon récit vous étonne, je le comprends. Vous n'avez que 38 ans.

À force de refuser de vous plonger dans les journaux diffusant les informations justes ou des idées constructives, certes plus dramatiques qu'idéalisées, utopistes ou radicales, vous ignorez la gravité de la situation. La vérité est bien différente de celle décrite dans vos lectures formatées. Ah ! Si vous aviez lu la pensée de Léon Blum, un politicien attaché aux véritables valeurs du socialisme : « *Toute classe dirigeante qui ne peut maintenir sa cohésion qu'à condition de ne pas agir, qui ne peut durer qu'à la condition de ne pas changer, est condamnée à disparaître.* » La réflexion de bon sens du leader du Front Populaire fut malheureusement trahie par un grand nombre de vos amis. La liste est longue. Nous pourrions écrire l'alphabet des socialistes qui ont retourné leur veste. Benoit Hamon, Aurélien Taché, Mélenchon, Anne Hidalgo, Olivier Dussopt. Stop en encore. Certes, en face, Bayrou, Philippe, Larcher, Le Maire, Darmanin, Abad…et même Sarkozy n'ont guère fait mieux. Que le nouveau Président des LR, Eric Ciotti, ait le triomphe modeste. Avec Valérie Pécresse, la candidate des LR qui favorise Macron le destructeur de la Nation au second tour, son parti, déjà moribond, est aussi grandement responsable d'un État affaibli.

Si vous aviez parcouru la France. Ne serait-ce que la Seine-Saint-Denis. Dès 1975, des élus socialistes envoyaient discrètement leurs chérubins dans les lycées prestigieux de Paris ou les plaçaient, en douce, dans des écoles privées, souvent catholiques. Pour des raisons bien plus mesquines et égoïstes que les Français de confession juive du 93. Eux ! Ils voulaient tout simplement sauver leur peau. Tant ils étaient harcelés, humiliés et tabassés par ceux que vous soutenez aveuglement. Le réveil est dur. De quoi vous rendre furieux, je le concède.

Si vous aviez lu des récits au contenu bien réel, vous découvririez l'attraction pour la France de gens venus des quatre coins de l'Europe jusqu'au début des années 1960. Au point que le cœur des Italiens, des Polonais, des Espagnols, des Hongrois, des Russes et d'autres Européens se sont fondus dans la Nation. Certains des étrangers d'hier, à l'instar de Romain Gary : « *Je n'ai pas une seule goutte de sang français mais la France coule dans mes veines* », sont mêmes devenus les patriotes les plus ardents. À cette époque, la terre française était identique aux théories de Newton :" Le poids spécifique cause l'attraction de la terre ".

Ah ! Si vous aviez eu plus de curiosité ou d'audace, vous soulèveriez le tapis, presque propre à l'extérieur, pour découvrir, consternés et irrités, la réalité. Elle n'est point rutilante. Une évidence déjà confirmée depuis plus de vingt ans, c'est-à-dire, bien avant les deux dernières années qui ont ébranlé votre vie trépidante d'amoureux bienheureux.

Vous ! Le socialiste modèle depuis plus de 12 ans, hissé au grade de premier secrétaire fédéral du Parti Socialiste dans les Yvelines. Un poste que vous avez délaissé en avril 2022, car votre Parti Socialiste avait rompu le pacte sur la laïcité en se rapprochant de La France Insoumise. Une alliance contre nature que vous aviez refusé de cautionner.

Boris Venon, le laïcard pur jus et, qui sait, franc-maçon ! Ignoriez-vous les prises de décisions surprenantes du socialiste et franc-maçon Gérard Collomb, ex-maire de Lyon, puis ministre de l'Intérieur du premier gouvernement de Macron, le démolisseur de la France ? Il scolarise ses deux filles dans une école privée. L'ancien édile, comme ceux du 93, à votre différence, sont plus près du terrain. Ils connaissent bien la problématique de l'école publique. *"Faites ce que je dis et non ce que je fais."* Après avoir voté à nouveau Macron en 2022, le liquidateur de notre laïcité, de nos centrales nucléaires et de notre industrie, n'êtes-vous pas gêné du surprenant choix du capricieux au profit de Pap N'Diaye ? L'importateur des nauséabondes théories racialistes en provenance des États-Unis envoie ses enfants dans l'école la plus privée de Paris : l'école Alsacienne. Celle qui a façonné Gabriel Attal, le champion des phrases creuses. Il les prononce avec tant d'élégance qu'il parvient à brouiller des cerveaux lobotomisés. Ses mômes ne doivent surtout pas être en contact des gueux, les futurs ubérisés de la France.

Dresser un tel aveu d'échec dans votre discours du 28 septembre 2022 est sûrement une douleur morale pour vous. Il exprime si bien votre désarroi, votre stupeur, votre détresse. Quelle torture pour votre esprit déjà si malmené lorsque votre maire, toujours aveugle, buté ou complice, vous met la pression. Il souhaite que vos révélations ne stigmatisent pas la ville. Alors, en bon socialiste peu vindicatif, vous nous mettez en garde. Votre constat cinglant n'est pas comparable à ceux d'écrivains frondeurs d'un bord politique différent du vôtre. Même si les démonstrations impartiales sur les causes de l'échec du vivre ensemble sont un copier-coller à votre cruelle déception. Quelle contorsion acrobatique de votre part ! Aussi spectaculaire que les juges qui encensaient Pétain en 1940 pour le déjuger en 1945. Pour un cerveau récemment moins gauche que celui de vos amis, les faits relatés sont recevables, mais ils deviennent inacceptables en provenance d'opposants lucides aux idées différentes. Ou de ma modeste personne. Encarté dans aucun parti. Juste un anarchiste bourgeois épicurien lambda, un simple citoyen qui soutient une France souveraine, la liberté d'expression, de celle de *Charlie Hebdo* bien que je ne sois pas un de ses lecteurs, la liberté des femmes, une cuisine du terroir et la pâtisserie artisanale.

Votre rappel à l'évidence est aussi puéril que les idiots utiles qui hurlaient sans réfléchir au lendemain des massacres du Bataclan : « *Vous n'aurez pas ma haine* »

Imaginez-vous les Arméniens massacrés par les Turcs, aujourd'hui par l'Azerbaïdjan, ou les Juifs gazés par les nazis à Auschwitz, aujourd'hui, en France, chassés du 93 et de tout autre endroit où la population musulmane est majoritaire, ou défenestrés au non d'Allah, entrain de hurler : « *Vous n'aurez pas ma haine* »

Poursuivons votre discours clairvoyant. Il faut bien l'admettre.

« *Oui, les citoyens d'origine européenne peuvent faire l'objet de racisme. Et c'est un homme dont le parcours politique s'inscrit à gauche qui vous le dit.* »

Un sacré séisme, un choc émotionnel pour vous, je le concède. Il a, au moins, le mérite de confirmer le déclin de la France. Où sont passés les personnalités d'envergure de gauche ou les élus socialistes de base pour vous soutenir face aux brimades et aux menaces que vous aviez subies ? Ils sont aussi muets que tous les colporteurs des journaux bien-pensants. "Pas de vagues ! Pas d'amalgames !"

Votre avis "éclairé." Vous avez encore un long chemin à parcourir avant de retrouver une forme de modestie. Vous vous sentez encore au-dessus des autres. On reconnait bien la marque d'une caste si bien illustrée dans le livre de George Orwell : *Tous les animaux sont égaux mais certains sont plus égaux que d'autres.* Cessez d'irritez Jean Jaurès ou Pierre Mendès-France. Vous avez abandonné depuis longtemps les principes d'une gauche pour le droit et la respectabilité des ouvriers et des employés français. Cependant, votre constat, pour une fois juste, est analogue au mien. Il est impartial.

« J'ai subi 11 agressions. Moi-même ou ma famille nous nous sommes sentis menacés jusque dans notre intégrité physique, là où pendant 12 ans, je n'ai jamais connu d'épisodes de cette nature. — Sarah Halimi, l'école juive de Toulouse, le Père Hamel… vous n'étiez pas au courant ? - *Ces derniers épisodes, je ne vous le cache pas ont été violents et ont profondément remis en cause le lien que j'avais avec la commune et avec ses habitants. »*

Je comprends sa déception. Mais ne serait-il pas légèrement maso. Attendre la onzième agression pour réagir vigoureusement. Un affrontement si violent qui le vise directement pour qu'il prenne enfin conscience du péril de la Nation. D'ici qu'il se fasse taper sur les doigts par le C.E.D.H. ! Car, même si son texte fut réfléchi, il n'est plus dans les savants calculs de conservation du pouvoir coûte que coûte. La suite de son discours sincère le confirme.

« Je me suis vu reprocher d'être qui je suis. Ces épisodes, et encore plus le dernier en date, ont été marqués par de la violence verbale, de la violence physique, allant jusqu'à la menace de mort, et aux insultes homophobes et racistes. **"Le blanc quitte ma ville, on est chez nous ici"**, *c'est ce que je me suis entendu dire avant qu'on nous poursuive, moi et mon compagnon, jusque devant notre domicile pour nous menacer de mort ensuite. »*

Regrettable sa prise de conscience tardive de la désagrégation constante de sa ville. Ces deux dernières années seulement. Cependant, à la différence d'autres gens de gauche, obtus et hermétiques, il admet finalement, contraint et forcé, que c'est pire qu'un *sentiment d'insécurité*. Boris Venon, en raison de son homosexualité, de ses valeurs et de son attachement à une laïcité qui ne veut pas pactiser avec les griffes de l'islamisme, est condamné de déménager d'une ville où il n'avait pas grandi mais qui l'avait séduit. Boris Venon ! Si vous aviez fait preuve d'ouverture d'esprit, vous connaîtriez les menaces des Frères musulmans pour notre société et leur haine viscérale envers les homosexuels, vingt ans auparavant.

Outre Boris Venon, victime d'insultes racistes, homophobes et de menaces de mort, deux autres élus, des "blancs" ont quitté le Conseil municipal.

Pour le journaliste Rodrigo Acosta, Directeur du *Journal des deux rives du 78*, Boris Venon fut la victime d'une haine et d'une bêtise anachroniques à la civilisation actuelle.

Sa remarque est vague et ambiguë. Le cataclysme aux Mureaux n'a rien d'anachronique. La haine de ces musulmans contre Boris Venon est la conséquence directe du dépérissement de la France. Bien visible dans les endroits où des gens aux mœurs différents des nôtres ont pris le pouvoir. Aujourd'hui, la haine évolue partout, librement, dans un temps vicié qui souffle la tempête. Car la France ne parvient plus à canaliser les excès à cause de l'arrivée constante, sans aucun filtre, d'une population différente de notre culture, nos traditions, nos mœurs et nos religions, qui a explosé les principes de la loi de 1905 sur la séparation des Églises et de l'État. Ce principe est-il transposable et applicable avec l'islam ?

Boris Venon ! Un bon nombre d'habitants des Mureaux n'ont pas la chance de s'être tirés ailleurs comme vous. C'est sur place, sur la terre façonnée par leurs ancêtres, qu'ils subissent un véritable exil. Une terre de labeur, de joie et d'espérance, malheureusement retournée et bien enfouie. Méditez, sans avoir la peur au ventre, sur les points épineux qui déchainent les passions et les contradictions. Le mépris des droits de l'homme. L'abolition de la liberté individuelle et de penser. L'occultation de la vérité. La suppression de l'égalité des droits et des chances. Oui ! L'islam étouffe la nature humaine.

Si plus rien ne s'oppose au nouveau code religieux, ne soyons pas étonnés si dans quelques décennies la France sera analogue à la République islamiste d'Iran ou d'Afghanistan. Dans le pays des talibans, depuis décembre 2022, la femme n'est plus autorisée à joindre l'université.

***

L'aveu de Boris Venon est renforcé par les révélations pessimistes de Pierre Brochand, ancien ambassadeur français, mais surtout ancien patron de la DGSE.

Le 5 décembre 2022, alors que des migrants instrumentalisés par des associations d'Extrêmes Gauches se déchainent devant le Conseil d'État, le journal *Le Figaro* relate le discours alarmiste de Pierre Brochand du 15 novembre à l'amicale gaulliste du Sénat.

Pour ce haut fonctionnaire, « *l'immigration incontrôlée est le seul enjeu qui menace la paix civile en France.* » Le seul parmi tous les dangers qui guettent la France ? Il y en a bien d'autres. La désindustrialisation, par exemple, avec son cortège de chômeurs. Cependant, je partage son point de vue. Il est certainement le plus important. Il ne nie pas l'immigration en elle-même, puisqu'il explique la première vague d'immigration chrétienne vers 1850. En revanche, comme moi-même, mais en plus affirmatif du fait de son expérience, il note que celle depuis 1970 est très « *particulière et que nous la subissons.* »

Une fois sa démonstration difficile à contredire avec le printemps arabe, déclenché en 2014, il poursuit son jugement implacable.

« *Nous ne sommes pas plus ˝malins˝ que les Libanais ou les Yougoslaves, pour faire˝ vivre ensemble˝ des gens qui ne le souhaitent pas.* »

« *L'immigration exerce sur l'ensemble de notre vie collective un impact transversal que je tiens pour globalement négatif.* »

« *On n'a pas compris grand-chose à l'immigration actuelle, si l'on n'a pas perçu d'emblée qu'elle était virtuellement conflictuelle, que ces conflits n'étaient pas quantitatifs mais qualitatifs, donc insolubles.* »

« *L'immigration c'est 500 000 entrées par an. Les immigrés entrent comme des individus, mais s'implantent comme des peuples, et proviennent de sociétés hautement défaillantes, majoritairement musulmanes.* »

« *Si nous persistons dans notre aveuglement, nous allons vers un pays, où, par implosion lente, la vie ne vaudra plus la peine d'être vécue, ou, à maxima, vers un pays où, à force d'explosions, on ne pourra plus vivre du tout.* »

« *… on ne pourra plus vivre du tout.* »

Ses derniers mots pessimistes rejoignent ma pensée réaliste teintée de doute également : « *Une vie qui ne nous appartient pas. Qui ne nous appartient plus.* »

Trois facteurs principaux lui ont permis d'étayer son constat :
- La discorde religieuse, théoriquement enterrée en 1905.
- L'antagonisme colonial, en principe clos en1962.
- Le fléau du radicalisme, dont nous pensions être libérés en 1945.

Les solutions selon Pierre Brochand sont-elles à la hauteur ?
- Diviser par 10 l'immigration illégale.
- Diviser par 20 ou 30 les visas accordés aux pays à risques.
- Fin de l'acquisition automatique de la nationalité.
- Suppression de toutes les prestations non contributives.

Boris Venon ! Planqué je ne sais où. Peut-être à Perpignan ou Fréjus. Partagez-vous l'analyse de l'ancien patron des services secrets ?

Un constat très pessimiste que Pierre Brochand a approfondi le 2 avril 2023 sur *Radio France* en débattant, chiffres à l'appui, pendant près de cinquante minutes avec Didier Leschi, directeur général de l'OFI, l'Office Français de l'Immigration et de l'Intégration sur l'immigration et des ses conséquences. Sa phrase alarmiste « *Nous allons vers une société où la qualité de vie va s'effondrer ; le point de bascule est quand des immigrés de religion musulmane franchiront la barre des 50%* » a de quoi plomber le moral et donne encore plus de crédit au dernier sondage réalisé le 18 avril 2023: 64% des Français pensent qu'il faut stopper l'immigration extra-européenne.

2

Les partis LFI et EELV s'illustrent négativement aussi bien dans l'enceinte de l'Assemblée nationale que dans les rues. Faut dire qu'ils n'ont pas besoin d'organiser une soirée "chemsex" et de consommer diverses drogues, pour plonger dans une euphorie douce et dégoupiller à chaque instant. L'absorption à trop fortes doses de trotskisme suffit pour les déjanter. Louis Boyard, "Loulou La Came" pour les intimes, le fils indigne de Jean Jaurès, est le parfait exemple parmi la ribambelle de toqués. Il ne serre pas la main d'un collègue RN mais celles ensanglantées de quelques islamistes. Tandis que la rigide et prude Sandrine Rousseau se baladerait toujours avec un martinet de poche. En plus de domestiquer son mari, elle envisagerait d'éduquer les mâles de l'Assemblée nationale. Au fait, le Rectorat continue-t-il à lui verser 44 000 euros pour un travail qu'on a du mal à discerner depuis tant d'années ?

Les trublions sont aussi capables de déclencher la une des journaux grâce à leurs tonitruantes affaires sentimentales. Celles des trois mousquetaires de la vertu aseptisée et de la galanterie sans empreinte carbone sont particulièrement cocasses. Adrien Quatennens, le spécialiste de la gifle propre non polluante avec cependant une poigne aussi vigoureuse que les idées nuisibles qu'il propage. Julien Bayou le charmeur, le fan de Jacques Dutronc, a un piège à jeunes demoiselles politisées précocement. Ce serait un joujou extra qui fait crac boum hu pour celles qui conservent encore une forme de naïveté. Et bien entendu, le ringard et peu attirant apparatchik Eric Coquerel, le spécialiste de la "drague lourde." D'après certaines indiscrétions, « c'est un vrai pot de colle ». Il ne les faisait pas tordre de rire, à la différence de Guy Bedos, fantastique avec l'appétissante Sophie Daumier dans son mémorable sketch :"La Drague."

Julien Bayou avait approuvé, trois ans auparavant, la création d'un comité de surveillance décidé par quelques enragées du parti EELV. Si, comme celui de Benjamin Grivaux en 2020, l'ami politique de Macron, son cerveau ne s'était pas liquéfié au détriment d'une queue envahissante, il pigerait tout de suite. Intituler un comité d'inquisition :"les Louves Alpha", n'a rien d'anodin. La Louve Alpha est dominatrice. Elle exécute une forte tension psychologique sur les autres louves et les harcèle.

Sacré Bayou ! À force de courtiser les jeunes filles EELV, émoustillées à la vue du cador d'EELV, comme le furent les Gentilles Membres, séduites par les Gentils Organisateurs, bronzés, musclés, le sourire *COLGATE* 24 heures sur 24, disponibles pour les siestes améliorées, au temps glorieux du Club Méditerranée. Don Juan n'a rien vu venir quand il s'est fait harponner. Trop tard pour disséquer sur les énormes pouvoirs de la Louve Alpha. Elle a les moyens de réprimander le Bayou très *Bêta* au point de le chasser de la Direction de la secte EELV. Bayou n'est même plus autorisé à côtoyer les simples militants d'EELV : Les *Oméga*. Ces derniers, juste bons pour s'accorder sans réfléchir aux suggestions ubuesques d'une Sandrine Rousseau : "*Le voile peut être un embellissement*", ou accepter sans réagir les remarques déplacées d'une Alice Coffin à propos de l'agression d'une journaliste frappée à coups de casque par des antifas ou la dégradation d'un restaurant à Marseille suite au passage d'Eric Zemmour : "*Ça fait partie des stratégies militantes.*"

Diable ! Ça ne vous rappelle pas d'autres timbrés en Allemagne dans les années 30 ? Les SA !

Quant aux démêlés de Quatennens avec la Justice et son limogeage, suite à ses affaires extraconjugaux, déjà largement débattus à l'Assemblée nationale et dans les médias, il est inutile de s'appesantir. *Gala* ou *Voici*, les magazines Télés, les rois des potins qui font frémir les lectrices, sont plus doués pour les relater.

Pas de chance pour Quatennens. Sa gifle Bang Bang lui colle désespérément à la peau. Elle refait surface le jeudi 10 février 2023 sur *BFMTV*. Le journaliste Maxime Switek demande à Mélenchon, venu s'expliquer sur les retraites, son avis sur la condamnation d'Adrien Quatennens à quatre mois de prison avec sursis pour violences conjugales. Mesuré pendant tout le long du débat, le leader des Insoumis perdit son contrôle une fois de plus. Il lui asséna ses quatre vérités avant de quitter précipitamment l'émission : « *Il y a chez vous une jouissance sadique à voir des gens souffrir. Foutez-lui la paix ! Il est condamné. Il a purgé sa peine. Laissez-lui faire de la politique !* – Ah bon ! Un politicien de LFI est différent des autres politiciens avaleurs aux multiples avantages ? Pitoyable et méprisable Mélenchon. Peu crédible de surcroît. Lui qui pérorait en 2017 : « *Quiconque est condamné est inéligible à vie* ». - *Vous êtes des gens sans principe, sans foi, ni loi.* » Regrettable que les Français soient amnésiques.

Car toutes ces affaires personnelles masquent un cas beaucoup plus grave pour notre pays. La réflexion inouïe, passée inaperçue, de Manuel Bompard, son successeur : « ***Le vote n'est pas l'Alfa et l'Omega de la démocratie***. » Une remarque cruelle sur la véritable nature du parti LFI, peu relevée par les médias aux ordres du Pouvoir. Elle fait suite à l'appel à la désobéissance civile au sein même de l'Assemblée. L'appel n'avait pas déclenché une vague nationale de protestations parmi les gens de la Presse inféodés à Macron. Le rejet total d'un système démocratique, même s'il est loin d'être parfait, surtout en ce moment, devrait tous nous faire réfléchir, y compris les gens qui votent pour les LFI. À moins, qu'à la différence des abstentionnistes désabusés, ce soit définitivement trop tard pour eux. Trop bouchés et peu curieux, ils ignorent l'affirmation de Lénine : ˝***Le parti est l'expression du peuple***˝ que le LFI entend perdurer. Un parti représenté par trois personnes seulement, dont Bompard à leurs têtes, d'après la révélation du journal *Le Parisien* du 21 février 2023. Les électeurs LFI sont-ils les précurseurs des effets de l'intelligence artificielle ? Des robots programmés. D'ici que leurs mains cognent dès qu'ils reniflent un tract qui ne correspond pas à leur dogme.

Thomas Portes, le député *Incorrect* LFI de Seine-Saint-Denis, s'oppose à la réforme des retraites. C'est son droit. Moi-même je le suis pour d'autres raisons. Cependant, à la différence de Marine Le Pen ou de Mélenchon, je suis pour la prolongation de la durée de la cotisation à 43 ans ou de l'âge de la retraite. En prenant, bien évidemment, en compte les métiers vraiment pénibles. Et en supprimant tous les régimes spéciaux y compris ceux de nos élus, certainement parmi les plus scandaleux. En effet, l'espérance de vie, de 69 ans pour les hommes et de 75 ans pour les femmes, est passée aujourd'hui à 79 ans pour les hommes et à 85 ans pour les femmes. Le système par répartition avait un sens quand 4 actifs payaient les pensions aux retraités. Aujourd'hui, ils ne sont plus que 1,7 à contribuer à leur bien-être, songeons-y.

Seulement ! Avant d'appliquer la réforme d'une manière aussi injuste et brutale, je partage la pensée de Macron du 25 avril 2019. « Je ne crois pas qu'il faut reculer l'âge légal tant qu'on n'a pas réglé le problème de chômage de notre pays. Ce serait hypocrite de décaler l'âge légal de départ à la retraite. » Commençons par corriger, modifier, voire supprimer tant d'inégalités et de magouilles scandaleuses.

Citons quelques exemples.

La fraude aux prestations sociales serait de plus de 50 milliards d'euros par an d'après le juge Charles Prats, sanctionné le 16 janvier 2023 par le Conseil Supérieur de la Magistrature pour avoir manqué à son devoir de réserve.

Que les Députés et les Sénateurs soient traités comme les salariés. Qu'attend le LR Larcher pour nous dévoiler le montant de sa retraite. Grâce à la politique, elle serait stratosphérique. Qu'a-t-il fait de positif pour la France ? Je cherche encore. Que leurs nombreux avantages soient plus contrôlés. Y compris celui de leur carte de crédit de l'Assemblée nationale. Elle n'est pas destinée à être chauffée dans l'achat inconsidéré de petites culottes en soies et autres lingeries fines qui coûtent 5 373 euros, ou dans l'investissement tous les mois de 1 200 à

1 500 euros en vêtements, chaussures ou accessoires pour avoir la bonne tenue de députée, à l'image de la députée LREM Coralie Dubost.

Des actifs ˮvieillissentˮ dès l'âge de 45 ans. À 55 ans, ils sont mis en retraite anticipée. De quoi gonfler le trou de la Sécu et baisser le montant de leur pension puisqu'ils ne travaillent plus.

Celui du scandale des retraités Algériens. Un nombre spectaculaire de gens perçoivent une retraite en Algérie bien qu'ils seraient morts depuis fort longtemps. Nicolas Meizonel, député du RN, nous révèle le rapport de l'AGIRC-ARCCO, les caisses de retraites complémentaires des salariés : 1 milliard d'euros par an, c'est ce que coûte à la France le paiement des retraites pour 600 000 Algériens. 69% n'ont pas été retrouvés. 13% seraient décédés. Plus de 700 seraient centenaires.

Sans oublier, naturellement, les études du CEPI, en 2018, et de celles de l'OCDE, en 2021. Leurs chiffres concordent. L'immigration coûterait à la France 30 milliards d'euros chaque année, soit trois fois plus que les économies espérées de la réforme des retraites. Car dans l'état actuel si rien ne change, c'est aggraver le sort des bas salaires, la précarité des emplois, et renforcer le système UBER, nocif pour les Français. Auront-ils les moyens d'investir dans une retraite par capitalisation – une bonne idée - avec le versement d'un salaire en peau de chagrin. Une retraite par capitalisation gérée par des groupes américains qui laminent notre industrie afin de renforcer leur emprise sur la France est-elle la bonne solution ? D'ailleurs la baisse du chômage est un leurre pour nombre de spécialistes interdits de débattre sur les antennes. Comme ce fut le cas pour les médecins qui mettaient en garde les Français au sujet du vaccin Pfizer encore au stade expérimental.

Retour sur Thomas Portes, le féroce opposant à la retraite à 64 ans. Le 10 février 2023, il publie une photo où il apparaît, écharpe tricolore en bandoulière, le pied sur un ballon à l'effigie du ministre du Travail, Olivier Dussopt le socialiste opportuniste devenu LREM. Ce ne sont pas des excuses que devraient exiger les groupes LR et RN en plus de retirer son tweet que le sanguin refuse – « *Je retirerai mon tweet le jour où vous retirerez cette réforme qui va sacrifier des millions de gens. Voilà la réalité ! Je ne me coucherai pas devant la bourgeoisie »* - mais sa condamnation pour appel au meurtre.

Thomas Portes et son compère Manuel Bompard se foutent de la démocratie. Ils la piétinent en bon descendant des communistes du temps de Lénine et de Staline. S'il avait enquêté sur Dussopt, il aurait demandé à la Présidente de l'Assemblée nationale si la présence du ministre du Travail était compatible dans un tel lieu, étant donné ses problèmes supposés avec le respect des règles de Droit. Le ministre du Travail serait rattrapé par la Justice pour soupçons de favoritisme dans un marché public lorsqu'il était maire et député de la ville d'Annonay. Hélas, il invectiva grossièrement, comme les habitants des endroits déjà habitués à la culture de la violence et des règlements de comptes et qui ont voté pour Thomas Portes. Décidément, la LFI c'est comme un magasin russe dans les années 60, très peu achalandé. Le parti LFI, grand spécialiste du tri sélectif, retient uniquement les êtres bornés à la pensée unique et sectaire, avec *le petit doigt sur la couture du pantalon.*

Le 13 février 2023, Aurélien Saintoul, député LFI des Hauts-de-Seine, fait le buzz. N'ayant pas obtenu de réponses précises de la part du ministre de Travail sur les études d'impact au sujet de la pénibilité et du nombre de morts des accidents du travail en augmentation constante entre 2017 et 2019, passant de 550 à 739, il le traite « d'imposteur ». Le terme est fort, mais si nous dressons le portrait peu flatteur décrit par *Gala* sur Olivier Dussopt, il se conçoit. En 2014, Olivier Dussopt a failli en venir aux mains avec le Président de la République, à l'époque ministre de l'Économie. Il s'était finalement contenté de le traiter de ˝connard˝ dans les couloirs de l'Assemblée nationale. Lui qui en 2007 se déclarait être˝clairement de gauche˝ et refusait de˝renoncer aux valeurs socialistes˝ pour aller finalement vers une˝conversion forcée au social libéralisme.˝

Il n'y a donc rien de condamnable dans le mot « imposteur ». Dussopt est en effet un menteur, un bluffeur. Il a trahi ses convictions, le peuple de gauche, il a renié les valeurs de la laïcité, il a enfumé les Français. Député socialiste en 2010, il fustigeait le « gouvernement et l'Élysée » qui envisageaient « de reculer l'âge légal de départ à la retraite de 60 à 63 ans ». Il dénonçait le « mépris fait aux partenaires sociaux ». « Ils sont reçus, mais ils ne sont pas écoutées et entendus. » Comme il a bien évolué notre « imposteur ». Pourquoi pas mythomane. En effet, le trucage des chiffres commença dès le 10 janvier 2023 avec l'annonce pétaradante de la Première ministre. Les pensions des futurs retraités justifiant d'une « carrière complète », 43 ans à terme, ne pourront pas être inférieures à 85% du Smic, soit environ 1 200 euros brut par mois au moment de l'entrée en vigueur de la réforme. 200 000 personnes sont concernées. Les retraités actuels justifiant des mêmes critères devraient aussi bénéficier de cette revalorisation. Ainsi, « près de deux millions de petites retraites » seraient augmentées. Le lendemain, le 11 janvier, Gabriel Atal, un socialiste pur jus, adepte des écoles très privées, malgré la note de l'Institut des Politiques Publiques qu'il ne pouvait ne pas ignorer, appuie les propos généreux de la Première ministre. La réforme concernerait moins de 80 000 personnes. Un chiffre plus réaliste non communiqué par le gouvernement, discrètement non ébruité par les médias et mis de côté par Gabriel Atal. Alors, prétendre que 40 000 nouveaux retraités percevront 1 200 euros brut sans avoir effectué la moindre vérification est un comportement inadmissible de la part de Dussopt. Le 13 février, embarrassé, Dussopt avoue n'avoir pas les talents de Madame Irma : « Je ne suis pas un voyant ». Deux jours plus tard, après son cours de rattrapage, peut-être dans une société de conseils, il ajuste le chiffre : 40 000. Le 28 février, recadré par le député PS Jérôme Guedj, pour une fois minutieux et fouineur, ce qui ne fut pratiquement pas le cas du temps de la présidence de François Hollande, le roi du rétropédalage table finalement sur 10 000 à 20 000 futurs chanceux chaque année. Le 1er mars, d'après le journal *Marianne*, la réforme imposée depuis 2019 par l'UE, ne s'adresserait plus qu'à 10 000 personnes, chaque année. Pourtant, dès la question posée sur la réforme des retraites, des spécialistes nous mettaient en garde. Christèle d'Intorni, la députée LR de Nice 5ᵉ circonscription, nous avait-elle alertés ? Non !

Elle s'affaire pour obtenir l'immunité de robe. Ainsi, de nombreux baveux indignes bafoueront davantage leur serment sans jamais être inquiétés. Eric Ciotti ? Il pactise avec le gouvernement.

En revanche, en le traitant publiquement « d'assassin », Aurélien Saintoul commet une faute impardonnable aux lourdes conséquences potentielles. Il doit aussi être condamné pour appel au meurtre.

Même si, entre-temps, le député de La France *Incorrecte* s'est excusé, Olivier Dussopt ne l'absout pas.

Décidément, Olivier Dussopt n'est vraiment pas un personnage exemplaire. Déjà entrain de jouer aux mots croisés à l'Assemblée nationale, le journal *L'Humanité* du 2 mars 2023 révèle qu'en novembre 2022, à la requête de l'Inspection du Travail qui effectuait un contrôle sur l'entreprise UBER, introduite en France en 2015 grâce à Macron, le Tribunal Administratif ordonnait de pouvoir mener une enquête sur les comptes d'UBER. Le ministre du Travail fait appel et demande d'abandonner le contrôle sur l'entreprise. Sacré Olivier Dussopt ! Il excelle en coulisses. D'après les révélations, il met la pression sur des instances de l'administration des fraudes qui avait eu le malheur de faire son boulot.

Après maints soubresauts dont la lourde accusation le 15 mars 2023 du député RN Thomas Ménagé, « Nous avons un gouvernement qui achète des voix avec l'argent public auprès des députés Les Républicains et LIOT », Madame Borne fait volte-face le vendredi 17 mars. Elle applique le 49-3 pour faire passer la réforme. En réaction, une motion de censure est déposée par le groupe LIOT. Tous les partis de l'opposition la voteront. Il manquerait une trentaine de voix à piocher du côté des LR. Combien sont-ils prêts à braver les ordres d'Eric Ciotti qui veut prolonger l'âge de la retraite jusqu'à 64 ans sans toucher à ses immenses avantages.

Le 19 mars, pendant qu'Olivier Dussopt triomphe dans le journal le *JDD* : « Notre premier objectif - Lequel ? L'application des directives de l'UE en 2019, comme le reconnait le gouvernement Espagnol - est atteint ; la réforme sauve notre système de retraite », la devanture de la permanence d'Eric Ciotti est caillassée. C'est dans cette effervescence que près de 80% de Français espèrent que la motion de censure aboutira. Cette réforme, dans l'état actuel, est injuste et inique. Dans mon entourage, ils y croient. Je suis plutôt pessimiste. « Ils magouilleront pour se désoler d'avoir échoué si près du but ! » leurs dis-je. Pourquoi une telle prévision ? J'ai dû côtoyer les LR et UDI par la force des choses depuis 2006 et je n'en ai pas trouvé un seul vraiment franc du collier.

Le 20 mars 2023. La décision tombe. Il manque neuf voix du côté des LR. Décidément le parti LR marche sur les pas de celui du PS.

L'agression sur la permanence d'Eric Ciotti est condamnable, comme sur toute devanture de n'importe quel autre parti politique. Méfions-nous de la violence. À la fin, c'est toujours le peuple opprimé qui trinque. Dans un moment de colère, il ne se maîtrise plus, il devient violent, incontrôlable, il se déchaine. Le calme revenu, les nouveaux maîtres possèdent un couvercle encore plus grand pour empêcher toute forme de liberté. Mais si on détaille la fiche de paie d'Eric Ciotti et ses nombreux avantages, comment ne pas comprendre la colère légitime du peuple humilié, pressé, balloté, moqué, dédaigné, mis à l'écart, interdit de s'exprimer depuis 2005. Ma remarque sur les dangers de la violence est d'autant plus juste que la personne qui a fracassé la vitrine de la permanence d'Eric Ciotti serait, aux dernières nouvelles, un journaliste de *Mouais*, un papier d'Extrême Gauche.

Avant que Macron ne décide autrement en 2017, un des trois questeurs à l'Assemblée nationale appartenait à l'opposition. Thierry Solère ayant rejoint les LREM, la Macronie détient le contrôle total dans une opacité remarquable. Ce dernier, obligé de se retirer en raison de ses nombreuses entorses juridiques et professionnelles, il a été mis en examen treize fois, Eric Ciotti récupère le poste tant envié de questeur.

Ainsi, en sus des 7 209 euros brut d'indemnités de député, comme tous les élus de l'Assemblée, les questeurs touchent chaque mois un supplément de 5 003 euros. Une prime non assujettie à l'impôt de surcroît. La rémunération totale s'élève donc à 12 214 euros brut par mois. Les trois questeurs sont ainsi les élus les mieux rémunérés de l'Assemblée après le Président (14 477 euros brut).

Les questeurs disposent d'une voiture avec chauffeur, d'un logement de fonction à l'hôtel de la Questure, composé de trois appartements de 400 m² ainsi que d'un secrétariat particulier.

Si en 2017, le LREM Florian Bachelier, un des trois questeurs, voulait en finir avec les ``dépenses injustifiables aux yeux des Français``, Eric Ciotti n'envisageait pas de telles épargnes, mais ``donner plus de moyens aux députés``, rapporte le *Journal du Dimanche*. Quels moyens ? En revanche, avec ce que nous savons maintenant sur Eric Ciotti, en cas de dissolution, ne revotons pas pour le questeur et Christèle d'Intorni, insensibles à deux ans supplémentaires d'angoisse des salariés en panne d'emplois, ou pour Philippe Pradal, l'Estrosimacroniste condamné par la Justice. Elle est belle la légitimité de la bande à Macron.

Dans ce cas, que penser de la démocratie symbolisée par les LREM, LR, PS et autres partis. Ils ont tant failli.

Est-elle encore un concept sain et vivifiant capable d'unifier les Français. Elle a tant été bafouée depuis les quarante dernières années. Et surtout suite au hold-up médiatique de mai 2017, puis à la mascarade de celle de 2022.

Si tout est établi à l'avance, à quoi sert le vote ?

D'où l'accroissement considérable des abstentionnistes depuis 2020.

3

Dimanche 2 octobre 2022. Des partisanes excitées des partis LFI et EELV, fières d'approuver le bout de chiffon de déclassement, assistent au rassemblement de soutien aux femmes iraniennes, organisé à Paris. Ces dernières, dans l'ancien royaume de Perse, s'opposent avec bravoure aux mollahs qui imposent en Iran le chiffon de l'humiliation pour toute femme ayant un minimum de jugeote. La tenue vestimentaire, imposée par la menace, heurte, abaisse et brutalise ; elle est contraire à ma pensée :˝*La mode définit le corps, en trace les contours. Elle permet de s'inscrire dans une sociabilité. Elle est comme l'affirmation d'un vrai moi que l'on ne peut pas cacher sous un vêtement.*˝

Mal leurs en ont pris. Manon Aubry et la députée de Paris, Sandrine Rousseau ont été victimes – les pauvres -, de sifflets. Effectivement, marcher de bon cœur en 2019 avec les islamistes et soutenir, aujourd'hui, les victimes de la République islamiste, la LFI doit faire un choix. De même pour celle qui briguait l'investiture d'EELV face à Jadot l'antisémite. Claironner de concert avec l'Union Européenne que la ˝La liberté en France est dans le voile˝ et prétendre le 2 octobre 2022 le contraire, est une gymnastique intellectuelle trop tordue pour des manifestants à l'esprit plus cartésien. Non ! Mesdames. Le voile, un ˝exécrable˝ bout de tissu, est juste l'étendard politique qui permet de renforcer la domination de l'Islam en France. L'Islam ne s'en est jamais caché. Il rejette de toutes ses forces les lois de notre Nation pour imposer à travers leur police des mœurs, les règles de vie et de bonne conduite.

La fronde salutaire déplut à la députée La France Insoumise, Danielle Obono. ˝Mangez vos morts !˝ tweete-t-elle dans un silence ˝mortelle˝ de la part des médias. Ce texte hallucinant de méchanceté, une insulte populaire utilisée dans la communauté des gens du voyage, aurait-il bénéficié de la même indulgence si un député RN l'avait émis. Au moins, si le tweet de la honte permettait à la LFI de finir avec un score identique à celui du PS, moins de 2% d'électeurs, Danielle Obono aura fait œuvre utile. Parlez ! Parlez ! Parlez ! Danielle. Puis, rejoignez Lætitia Avia, la députée *LREM* qui mord l'oreille d'un chauffeur de taxi. Avec deux ˝Croqueuses˝ qui argumentent *En Mordant*, le LREM marchera sur les pas du PS et de la LFI. En attendant, les médias rongent leurs freins. Ils désespèrent. Ils sont impatients de satisfaire leurs plumes vengeresses. Depuis juin 2022 jusqu'au mois d'octobre, à la différence des LFI braillards et vêtus comme s'ils se rendaient à un match de foot, les députés RN, cravatés ou en tailleurs, se comportent autrement qu'en cannibales. Ils prennent tant de précautions à ne pas écraser une fourmi qu'ils deviennent trop lisses. Ils devraient mieux nous alerter des dangers qui nous guettent chaque jour et nous enlisent davantage afin de déboucher les tympans des Français.

Les justifications de Sandrine Rousseau, l'une plus faiblarde que l'autre, au sujet des sifflets sont affligeantes. À court d'arguments plausibles elle prétend que Laurence Rossignol a subi le même sort. Cette dernière, très remontée, le dément. En effet, si des noms d'oiseaux déplacés ont vraiment eu lieu à son encontre, ils viennent essentiellement du côté de la Nupès, des partisans fiers de louer les vertus du voile. Car, même si je ne partage pas le parcours politique de Laurence Rossignol, reconnaissons à la ministre de la Famille, de l'Enfance et des Droits des Femmes dans le gouvernement Valls 2 un regard sans complaisance sur un point. Le 30 mars 2016 sur *RMC*, elle compare les femmes musulmanes choisissant de porter le voile aux « nègres américains qui étaient pour l'esclavage ». Puis, elle déclare « qu'il y a des femmes qui veulent l'imposer à tout le monde parce qu'elles en font une règle publique. » Une liberté de ton peu appréciée par Le CRAN, le Conseil supérieur de l'audiovisuel. ˝Un dérapage !˝ considérait-il. Suffisant pour rappeler à l'ordre Jean-Jacques Bourdin, coupable de l'avoir laissée trop parler. Pauvre France ! Déjà, sous Hollande, il devenait répréhensible de s'exprimer librement et sans agressivité. Elle montre bien le degré de soumission de notre pays. L'intervention du CRAN irrita l'universitaire Laurent Bouvet, un ancien socialiste déçu. Il dénonce un « contexte d'hystérisation au moindre propos politique non conforme à une sorte de vocabulaire obligatoire et validé par on ne sait quelle académie de la bonne pensée et de la bonne conscience. » Laurent Bouvet reproche au PS d'avoir abandonné les vraies valeurs de la gauche, notamment la laïcité. Juste pour se compromettre chaque jour davantage avec un islam envahissant afin de conserver ses avantages. À plusieurs reprises, il fut taxé d'islamophobe par l'extrême gauche. Il s'était opposé au port du voile à la télévision d'une militante de l'UNEF. Il était contre le port du voile pour les sorties scolaires. Et contre d'autres dérives ou des formes de chantages afin de repousser puis de jeter sans ménagement la laïcité dans les orties.

Dimanche 13 novembre 2022, le tribunal de Téhéran condamne à mort une personne accusée d'avoir participé aux émeutes. En effet, depuis le décès le 16 septembre de Masha Amini, une Kurde iranienne de 22 ans, arrêtée trois jours plus tôt par la police des mœurs pour avoir enfreint le strict code vestimentaire de la République islamique, des manifestations ont lieu partout en Iran. Qu'en pensent Valérie Pécresse, la représentante des LR en avril 2022, fière d'affirmer sur *CNews* en novembre 2019 : « *L'islam est une religion française. Tous ceux qui diront le contraire se trompent* », La Nupès, Emmanuel Macron et d'autres politiciens tolérants vis-à-vis du port du voile dans la sphère publique.

Macron, le numéro un de la mondialisation heureuse et son allié La Nupès, les deux nuisibles destructeurs de notre civilisation, font profil bas. Leurs slogans, aussi racoleurs et mensongers que ceux de l'Union Européenne, perdent toute crédibilité avec ce qui se produit actuellement en Iran. Là-bas, des femmes, surveillées et harcelées par la police des mœurs, se font tuer pour un bout de chiffon mal placé sur la tête

Français ! Remémorez le nombre incalculable de stupidités écrites ou éructées. Encadrez celle de Macron sur sa justification à une femme voilée le 12 avril 2022, durant sa campagne Présidentielle où il avait refusé d'affronter les concurrents : « ***Vous êtes féministe et vous portez le voile. C'est la meilleure des réponses aux bêtises que j'entends***. »

Que devons-nous conclure. Les Français sont bêtes et arriérés. Des Iraniennes ont des pensées étriquées et islamophobes. De sales égoïstes Iraniennes ! Elles refusent de transmettre aux Françaises tous les bienfaits et toutes les jouissances qu'elles éprouvent en portant avec beaucoup de fierté l'honorable bout de chiffon conçu par Mahomet, le créateur unique de la mode fixe. Le vêtement figé pour l'éternité. Le ralentisseur du gaspillage industriel dans la pensée tortueuse de l'EELV Sandrine Rousseau.

***

La célébration de la journée de la femme du 8 mars 2023 commence mal. Dès ce matin, une dame de 45 ans fut poignardée au couteau à plusieurs reprises devant la cathédrale de Metz. Le suspect, un individu qu'elle avait connu via une application de rencontres et avec qui elle aurait entretenu une relation, a été interpellé et placé en garde à vue.

Comptons sur nos féministes pour dénoncer le nouveau meurtre à juste raison. À moins que dans les jours prochains, le suspect ne corresponde pas au profil type des hommes qu'elles exècrent. Il appartiendrait à une grande partie liée à des gens ayant une religion différente de la terre de nos ancêtres ou à l'immigration qui tourmente les femmes.

Des chiffes considérables non contredit par Darmanin. Les nombreux cas tragiques ne sont pas uniques à la France. Les habitantes de Cologne resteront marquées jusqu'à la fin de leur vie après l'enfer qu'elles subirent durant la nuit de la Saint-Sylvestre en 2016.

Cette célébration a-t-elle encore un sens si des mairies affichent des femmes voilées. Si d'autres, déjà très pro-migrants et encore plus tordues sur la définition d'une femme et d'un homme soutiennent que le pénis appartient à une nouvelle désignation. Ou bien qui vous taxent d'attardés, de réactionnaires, de fascistes et vous mettent au ban de la société si vous prétendez que seule la femme peut accoucher.

Cette célébration a-t-elle encore une portée symbolique sur l'émancipation et l'égalité pour la femme si lors de la manifestation féministe à la place de la République à Paris, une militante féministe arrache et casse en deux le micro du journaliste Jordan Florentin de *Boulevard Voltaire* pendant que des antifas d'ultragauche fouillent son sac. Certaine de son impunité, la militante féministe ne cherche pas à masquer son visage ni à se cacher des téléphones entrain de la filmer.

Les images de l'incident sont à la disposition du Syndicat des Journalistes et de Reporters Sans Frontières. Nul ne doute qu'ils en feront un bon usage. Que toutes les preuves de cette agression caractérisée contraire à la liberté d'expression seront diffusées partout avec un retentissement bien plus énorme que celui pour Pierre Palmade qui fait la une depuis plus d'un mois. À moins que les écrits de *Boulevard Voltaire*, contre l'abolition de nos frontières, de notre Nation, de notre culture, de nos mœurs, de nos traditions et de notre laïcité, soient trop opposés à la pensée˝correcte˝ en vigueur aujourd'hui…

20 février 2023, à Avignon, un Tunisien d'une trentaine d'années, en état d'ébriété, agresse sexuellement une femme de 57 ans entrain de promener son chien. Le Tunisien, en situation irrégulière, tente de glisser sa main au niveau de l'entrejambe avant d'essayer de l'embrasser. Mal lui en prit. Elle lui arrache un bout de la langue avant de prendre la fuite et de l'amener à la police. Ceci leur permit de faire le rapprochement avec des pompiers qui l'avait secouru. Pour sa défense, l'imaginatif, soutiendrait que la femme aurait été « *éperdument amoureuse* » de lui.

Vendredi 10 mars 2023, à Dinan, dans un quartier résidentiel, une femme de 28 ans a été mortellement abattue devant son enfant de 5 ans par sa compagne. Comment les féministes vont-elles dénoncer le pouvoir patriarcal. Comptons sur l'imagination d'un avocat retors pour expliquer qu'au moment des faits, la compagne s'était habillée en homme. L'honneur est sauf. À bas le mâle blanc.

4

Les rodéos urbains

Dans les années 60, pour épater la galerie nous effectuions des dérapages contrôlés avec nos mobylettes, nos Solex ou nos vélos. Par temps de pluie, les chutes ou les glissades étaient parfois spectaculaires. La mienne, très maladroite, à retenir toutefois dans le film "Les Sous Doués", sur plus de vingt mètres devant l'entrée du lycée Van Gogh d'Ermont dans le Val d'Oise, fut cependant largement commentée. Le malin avait échappé à une interro écrite sur un sujet qu'il n'avait pas révisé en se faisant bichonner à l'infirmerie pendant plus d'une heure. Plus de peur que de mal dans une ambiance bon enfant sous le regard réprobateur de quelques adultes. Faut bien que jeunesse passe.

D'après l'ex-procureur Georges Fennec, un Cadre des LR qui symbolise la déculotté de son parti en 2022 chaque fois qu'il apparait sur *CNews* en affirmant le tout et son contraire, les rodéos urbains, agressifs et dangereux pour autrui, étaient déjà fréquents à Vaulx-en-Velin dans les années 1983. Georges Fennec ! Qu'attendiez-vous pour sanctionner et prévenir Chirac de réagir. Le PS ayant déjà abdiqué.

Dimanche 6 novembre 2022, vers 14 heures, le pilote d'une moto cross se livre à un rodéo urbain sauvage, avenue Maurice Thorez, à Vaulx-en-Velin. Sa conduite menaçant la sécurité des autres usagers de la route, les policiers décident de contrôler le jeune homme. Sauf que celui-ci refuse d'obtempérer. Il tente de s'enfuir en prenant des risques importants. Au point de perdre la maîtrise de sa moto. Dans sa chute, le chauffard percute un policier. Insensible, il essaie de repartir sur sa moto. Il est finalement interpellé et placé en garde à vue. Le jeune homme de 26 ans, très défavorablement connu, admet les faits lors de l'audition.

Qu'écrivent les journalistes du *Progrès*, que racontent ceux de *BFMTV* au sujet du policier brutalisé qui porte plainte ? Ils minimisent l'acte impardonnable du délinquant notoire dont on ignore son nom et son lieu de naissance. `"Légèrement blessé."` Les employés de l'information ont-ils reçu des instructions. Pousser le juge, censé être impartiale afin que les Français ne fassent pas justice eux-mêmes, à faire preuve de clémence en lisant l'analyse de la sociologue Anaîk Purenne : « *C'est leur façon de tuer l'ennui.* ». Dans ce cas, si ses décisions vont à l'encontre des intérêts des victimes pour le seul profit des corrupteurs, des violeurs, des voleurs et des casseurs qui ne savent plus comment sortir de l'ennui sans menacer autrui, à quoi sert un juge.

22 mars 2023. La municipalité de Vaulx-en-Velin met en avant sur son site internet le « Marché du Ramadan ». Peut-on escompter une diminution des rodéos urbains pendant tout le mois de prière.

Assurés de leur impunité, les passionnés de rodéos urbains narguent fréquemment les policiers. Déjà très peu commentés, ils sont supplantés par les révélations sur les frasques glauques de Pierre Palmade qui font la une des médias depuis le 10 février et même durant le mois d'avril. Ainsi le gouvernement minore les ravages quotidiens des rodéos urbains et continue méthodiquement la destruction de la Nation.
Celui de Villeparisis (Seine et Marne) du 21 février 2023 fut légèrement signalé par la Presse, des riverains ont réussi à communiquer pour exprimer bruyamment leur exaspération.

En mars 2023, le ministère de l'Intérieur s'inquiète avec le retour des beaux jours. Il a comptabilisé en peu de temps 350 interpellations, près de 7 000 verbalisations et plus de 100 deux-roues saisis. Préventif, faute de régler vraiment les causes profondes de ce problème, Gérald Darmanin adresse le vendredi 7 avril 2023 une note aux préfets leur demandant d'intensifier la lutte contre ces actes qui se multiplient depuis le début du mois d'avril. Celui de Brest du 14 avril 2023 le confirme. Un soldat courageux qui voulait intervenir fut battu par une vingtaine de jeunes et en prit plusieurs coups de couteaux.

5

À partir des années 90, la police notait un nombre croissant de refus d'obtempérer. Mais ces deux dernières années, sous la direction du binôme maudit Darmanin/Macron, les menteurs effrontés, c'est devenu monnaie courante. Un fait divers supplémentaire quotidien parmi les autres faits divers aussi retentissants et meurtriers comme vous venez de le constater dans les chapitres précédents. En 2021, il explose. La police et la gendarmerie en ont recensé 26 300, soit 70 par jour. En 2023, il continue sa lancée.

Avant de vous commenter le tragique incident survenu à Nice le 7 septembre 2022, après tant d'autres depuis la réélection de Président ˝manque de fermeté˝, sauf pour enlacer le premier venu à chacun de ses déplacements, étudions le comportement des automobilistes durant les années 1980 – années fric et d'insouciance -, lorsque les policiers ou les gendarmes nous priaient courtoisement de nous garer.

***

Après un entretien commercial positif avec une importante usine de lingerie basée à Alençon sur les avantages du tissu gratté en polyester/coton aspect soyeux, je retourne joyeusement à Paris, prêt à avaler les sushis du restaurant Issé de la rue Sainte Anne quand des gendarmes me font soudainement signe de m'arrêter. Ils me demandent de me ranger sur le bas-côté, derrière une file d'au moins quinze voitures. Bigre ! En pleine campagne, au bas d'une descente, naturellement. De paisibles vaches observent curieusement le manège.

Les conducteurs attendent sans broncher avant de s'installer dans la fourgonnette des forces de l'ordre. On lit juste une sorte d'angoisse au visage de quelques uns. Pas de causette. Aucun ne rue dans les brancards ni ne menace les uniformes. Même si l'agacement est bien présent sur toutes les têtes lorsqu'ils s'extraient du purgatoire.

Vient mon tour de souffler dans un alcotest – *bien fort* ! Exige le gradé, le regard irrité -, de présenter le permis de conduire et d'entendre le motif de l'interpellation. À voir sa mine déçue, voulait-il me confisquer la voiture sur le champ, vu ma performance : 132 km/heure au lieu de 90 km/heure ?

Deux mois plus tard, je me rends au Tribunal de La Flèche. Non comme un chauffard, ce qui serait pourtant logique, mais comme une victime. Dans la salle comble, les fautifs attendent sagement. Je patiente. J'ai donc tout mon temps d'observer et d'écouter.

À part quelques amateurs de vitesse à l'imagination débridée pour amadouer la Justice, la plupart accepte la sanction sans sourciller. Le pouvoir du juge impressionne. Les remarques agressives du commissaire terrifient. Avec un faciès pareil, il me rappelle celui d'Adolf Eichmann, le sinistre *SS* qui entra à Budapest le 19 mars 1944 pour mettre en application la solution finale. Ce n'est pas surprenant si ce flic ne m'inspire pas. J'ai l'impression que la réciproque est vraie. En général, comme ma mère, ma première intuition est la bonne.

Pour certains cas, le juge est compréhensif. « Je suis chômeur !», l'excuse la plus fréquente. La phrase magique. Ceci prouve bien que dès cette époque, les dangers provoqués par les délocalisations et les progrès de la robotique se répandaient jusque dans nos provinces paisibles. « J'ai perdu ma mère ! », « Ma femme ! », « Mon chien ! ». Judicieux l'alibi de l'animal. L'œil du juge s'humidifie. Il sort son mouchoir. L'homme de droit est magnanime. Aucun n'est condamné. Ils sont tous absous. Juste un avertissement solennel : « *Ne recommencez pas.* »

Arrive le tour d'un Arabe, le profil brave type un peu nunuche.. Il vit et travaille en France depuis 1965. Il a grillé un STOP. J'imagine déjà une sanction à la hauteur de l'infraction quand, le profil bas, il prend la parole : « *C'est pas de ma faute Missieu le juge. J'sais pas lire.* ». Le juge revêt les habits de Jésus. Il écoute, il comprend et il s'apitoie. Il lui pardonne.

Le pauvre ! Il n'a pas appris à lire ! explique-t-il au commissaire. Il laisse de côté la question qui froisse : « *Comment avez-vous réussi à obtenir votre permis de conduire en France en 1969 ?* » Le commissaire, au regard mauvais et à la parole rude parfois, la boucle. A-t-il quelques exactions à son actif entre 1954 et 1962 à faire oublier. Il ne lui distille aucune remarque acerbe ou vacherie gratinée adressées à des conducteurs coupables seulement d'avoir dépassé le 90 km/heure. Il ne lui conseille pas une conduite prudente. Eh oui ! Messieurs les représentants de la loi. Mohamed, en grillant un STOP même s'il n'avait ni bu ni ne s'était drogué, pouvait renverser le motard méticuleux qui prend soin de sa bécane, le même que celui qui se fait racketter en 2022 pour un contrôle technique inutile, tuer la cycliste amoureuse, les cheveux en liberté, heureuse de rejoindre son fiancée ou, pire encore, fracasser la voiture de la jeune mariée, la belle-mère grincheuse à ses côtés et le bébé à la peau d'ange installé confortablement derrière. Pour le plus grand désespoir de ses parents et de la belle-mère acariâtre à vie. Julien a cessé de sourire.

Pour d'autres, en fait tous ceux qui ont un emploi, la sentence est différente. Les tiroirs-caisses ne bénéficient pas de la même tendresse ou complaisance que les chômeurs ou notre inculte Mohamed. Avec des reproches plus ou moins sarcastiques selon la vitesse. Un, en particulier a droit au concours du mot le plus dur ou vache entre le juge et le commissaire : « *Meurtrier… Tueur… Fou… Dangereux…* » « *Alcolo !* » Tempête le juge fièrement. L'uppercut verbal a mis KO le commissaire. Une victoire de courte durée. « *Il n'a pas bu !* » esquive le commissaire, soucieux, j'ose imaginer, de ne pas aggraver injustement la sentence. Le juge, en manque d'arguments, cale. Faut dire que le Fangio du coin, à la bouille sympa, au demeurant, est bien plus rapide que moi : 168 km/h.

C'est à moi de défendre ma cause. Élégant dans mon costume Cerutti, je présente au Juge l'attestation du constructeur. Il prouve bien un défaut de fabrication de l'ordinateur installé dans la Renault 25 GTX. Un sérieux problème non encore résolu par les ingénieurs. Dans un premier temps, le juge compatit à mes explications. L'excès de vitesse n'est pas de ma faute. Il est imputable à la défaillance de la technologie française. Le commissaire, la tête similaire à qui vous savez, battu par KO, veut sa revanche. Ma première impression est juste. Je ne le blaire pas. Il ne peut pas me piffrer. C'est réciproque. Les remarques désobligeantes exposées, il estime que je devrais repasser mon permis. Car si je ne ressens pas à quelle allure je roule, trop vive à son gré, je suis incapable de contrôler la vitesse. Même si c'est cause perdue d'avance, je lui vante la qualité d'insonorisation et des pneumatiques Michelin – cocorico !- de la voiture, « *Ça n'a plus rien à voir avec la Dauphine ou la 4L.* » Le buté s'emporte. Aussi, je cesse d'argumenter. Je me souviens comment des gendarmes, en mai 1944, se comportaient en Hongrie, durant la période infâme. Alors, le juge mollasson se rétracte. Il se redresse et prend le ton très sévère, pour me coller deux semaines de suspension de permis de conduire et une amende bien salée. La besogne accomplie, il s'étale à nouveau sur le bureau et, avec la voix redevenue monocorde, il remet en marche son monologue habituel. « *Soyez plus prudent la prochaine fois.* »

Que ne fut sa surprise et surtout celle du commissaire "facho" lorsque je lui répondis très poliment avec une pointe d'ironie : « *Cher Monsieur le Juge, comptez sur moi. Je suivrai vos recommandations scrupuleusement.* Je respire profondément avant de poursuivre. *Je serai très attentif la prochaine fois. D'une prudence extrême.* Il fallait voir leurs têtes intriguées. *D'ailleurs, dès maintenant, devant vous, je m'engage sur l'honneur de prendre une décision irrévocable.* Je marque un temps d'arrêt, je prends le public à témoin et, les yeux dans les yeux, je poursuis avec beaucoup de détermination. *Je vends ma Renault 25 GTX.* Ils sont surpris. *C'est un modèle peu fiable.* Avec un geste de dégoût. De quoi les étonner. *J'opte sur le champ pour une marque plus sécurisante. De préférence une fabriquée en Allemagne ou au Japon.* Le tout exprimé sur un ton énergique. Attendez ! Mes lascars. Je n'ai pas fini. *Des ouvriers sont-ils désespérés d'avoir perdu leur emploi ?* Oh ! Ils en tirent une tronche. Aussi expressive que celle de Bourvil dans *Le Corniaud*. Bouquet final. *Ce n'est pas grave Monsieur le Juge. Ils savent qu'ils peuvent compter sur votre mansuétude.* » Je me délecte en voyant leur mine aussi abattue que celle de Michel Galabru dans la pièce remarquable : *La femme du boulanger*, mise en scène par Jérôme Savary : « *Je suis cocu* » Le juge resta pantois. Le commissaire revêche eut une moue réprobatrice. Il regrette la rue

Lauriston en 1944 pour me filer une rousse. Le public provincial, le sourire en coin, se retient. À Paris, on m'aurait applaudi.

Une heure plus tard, je reconnais le ``meurtrier″, le ``fou du volant″, Directeur Commercial chez Porche Courage. Cinq minutes plus tard, je commande un bolide. Qu'importe la couleur, je suis pressé de compenser ma frustration. Quitte à être flashé, faisons-le en beauté, en toutes connaissances de cause. C'est ainsi que l'année suivante, Paris-île d'Oléron s'effectua à 160 km/heure de moyenne, pause pipi et remplissage du réservoir inclus. À cette époque, un Bruno Le Maire ne nous rationnait pas quand nous faisions le plein.

Notez ! Tous ceux qui avaient déjà obtempéré deux mois auparavant sans chercher à s'échapper ou à écharper les forces de l'ordre, ont continué à avoir la même conduite dans la salle d'audience à La Flèche. Pas la moindre agressivité. Aucune menace de mort. Aucune rixe. Que des visages soulagées pour certains – on comprend aisément - ou des mines abattues ou désolées pour d'autres.

La mienne ! Elle fut aussi satisfaite qu'en octobre 1972 à la caserne de Colmar après y avoir mis la révolution.

La France n'est-elle pas le pays de la liberté d'expression ?
Que la C.E.D.H. tente de supprimer si nous ne prenons pas garde.

***

À Nice, le 7 septembre 2022, vers 16h30, la police remarque une voiture entrain de zigzaguer dangereusement. Au lieu d'obtempérer, le conducteur se soustrait au contrôle. Pris en chasse durant quelques kilomètres sur la voie rapide avant d'être coincé dans le flux de la circulation au 11 avenue Henri Matisse, le chauffeur opère un demi-tour. Il se retrouve nez-à-nez avec la police. Obstiné, il tente d'échapper aux forces de l'ordre en multipliant les manœuvres, en vain. Selon la procureure de la République, Maud Marty, Zied B a percuté à deux reprises le véhicule de police blessant légèrement deux policiers. Pendant ce face à face périlleux, le policier auteur du tir, descendu de son véhicule, prend en joue le conducteur à seulement quelques centimètres de la fenêtre de la voiture avant de tirer et de le blesser mortellement au thorax.

Mathieu Valet, porte-parole du syndicat indépendant des commissaires de police, dresse un portrait ̏élogieux ̋ sur Zied B. « *On a un voyou avec un pedigree long comme la muraille de Chine.* » L'exemplaire client, aux dires de ses avocats, a été condamné à 21 reprises. Conduite sans permis, vols, extorsions, dégradations, infractions à la législation sur les stupéfiants… la liste est longue. Lors de son dernier et fatal exploit, il conduisait une SUV déclarée volée. Une Hyundai Tucson immatriculée dans le Var. Vous l'avez constaté, la voiture est pleine de ressources et de vitalité. Vous pouvez l'acheter en toute confiance.

Zied B. était aussi recherché pour un fait divers qui avait défrayé la chronique pendant une semaine. Une camionnette transportant des migrants en provenance d'Italie force un barrage de police en juin dernier à Sospel (Alpes-Maritimes) au risque de tuer. Les policiers ouvrent le feu. Un homme, un migrant égyptien, est mortellement blessé. L'ADN de Zied B. est découvert dans la fourgonnette. Il pourrait être l'homme qui transportait des gens non invités.

Voilà la véritable personnalité de Zied B qui fait sursauter tout parent responsable ou tout voisin conscient de la dangerosité de son proche. Sa mère est « anéantie. » Car « aucun danger » ne justifiait qu'on tue son fils, estime-t-elle. Je comprends sa douleur. C'est une mère, c'est son enfant. Mais dans le cas présent, une pudeur de sa part n'aurait-elle pas été plus appropriée plutôt qu'un plaidoyer larmoyant pour son ̏gentil ̋ fils, bien relayé par nos médias locaux, malgré la description brossée précédemment par la police. Les avocats, chargés de le défendre s'engouffrent dans la brèche du ̏mec bien ̋, toujours avec le concours de nos journalistes locaux. Fidèles à leurs habitudes, ils cherchent la moindre entorse dans la forme. Ils pointent l'absence d'un policier lors de la vision de la vidéo. Que le syndicat de la police ait fait une légère erreur. Soit ! Mais si le truand avait obéi aux injonctions de la police, Zied serait encore en vie. Les deux baveux sont si talentueux dans la défense d'un innocent – il y en a tant dans nos prisons - qu'ils réussissent même à modifier les réquisitions du parquet. Il réclamait une mise en examen pour « *homicide involontaire.* » Le juge d'instruction retient pour « violences volontaires » et « homicide volontaire. »

Si bien que les amis de Zied prévoient d'organiser une marche blanche. Des voix indignées s'élèvent. Elles demandent l'interdiction de la manifestation en mémoire de Zied. Notamment celle de Christelle d'Intorni, la députée LR de la 5è circonscription de Nice. Pour son courage et son franc parlé, elle reçoit des menaces de mort. Ainsi, des gens venus d'ailleurs, hostiles à nos codes de conduite et à nos principes ont fait plier les plus hauts sommets de l'État. La préfecture décide de la maintenir et, comble de la faiblesse ou de la lâcheté de notre pays, elle ordonne de l'encadrer par les forces de l'ordre. Quel affront ! La police, censée protégée le camp du bien est forcée d'être le chien de garde d'un ex-malfrat.

Le samedi 18 septembre, la marche blanche s'est bien déroulée sous haute protection.

Policiers ! Levez-vous ! Réagissez ! Triturez l'adage : « La police obéit mais ne réfléchit pas ». Avant qu'un de vos collègues, à force de tempérer, de ruminer et de finir par plonger dans une colère noire, largue les amarres juridiques et ne réagisse trop violemment. Il croit que le droit, les lois et les procédures sont devenus des freins à la sauvegarde de notre Nation. À cause du couvercle Union Européenne qui impose chaque jour de nouvelles lois plus restrictives ou des normes plus contraignantes afin de permettre plus de mainmise sur le peuple et une accélération de migrants en France. Tout en épargnant les riches, des élus qui violent la loi et ceux qui poussent au crime. En conséquence, votre collègue, à bout, explosera le système brutalement. Sauf que celui mis en place, au détriment du peuple une fois de plus, sera le remake du communisme en 1917, du nazisme en 1933 ou de celui du régime des mollahs en Iran. Tous, tristement célèbres pour les exactions et les tortures. De nouvelles pages sombres de notre histoire en perspective.

Cent cinquante personnes conditionnées, arborant un tee-shirt blanc où nous lisons : *Justice pour Zied un ange parti trop tôt*, forment le cortège. Plusieurs élus de la liste « VIVA ! » une opposition constituée de LFI, PC et de citoyens d'extrême gauche s'affichent au premier rang. VIVA s'était illustrée lors des municipales en avril 2020 pour avoir fait « une campagne à côté de la plaque » d'après Clément Avanguès, journaliste à *Nice-Presse*. Sa tête de liste, l'avocate Mireille Damiano, une inconnue pour les Niçois, est célèbre parmi ses fans pour son engagement pour la cause des migrants. Ils défilent depuis le bd de la Madeleine où réside Zied le gentil. Ils passent par la promenade des Anglais – un souvenir douloureux pour les habitants du quartier encore traumatisés par le carnage causé le 14 juillet 2016 par un autre musulman, également un Tunisien. Puis, ils observent une minute de silence devant le palais de Justice. Le comble de l'hypocrisie. Une très grande majorité de jeunes musulmans déconsidère nos lois. Les principes d'Allah priment sur celles de notre Justice.

Les pancartes abondent. On sent l'art consommé des politiciens de VIVA d'accomplir leur travail avec minutie. Des spécialistes justes bons pour emmerder les usagers des transports en commun à la veille de chaque départ en vacances. Comprennent-ils au moins le sens des mots qu'ils ont ficelé afin qu'ils soient bien filmés par les médias venus en nombre. Aucun discernement dans la propagande indigne au ras du caniveau : « Plus jamais ça » « La police tue » Erreur ! La police défend les victimes et doit également se protéger. « La France n'est pas les États-Unis ». Dites-le à Danielle Obono ou à Adama Traoré. Si elles se sentent tant en danger, qu'elles alertent les plus de 60% d'Africains désireux de s'installer en France sur les périls qui les menacent Le pays est un véritable coupe-gorge à bannir à tout prix. Si la pancarte est l'œuvre d'un enseignant : « La police orgueilleuse a décidé de rétablir la peine de mort », j'ai de la tristesse pour les élèves. Comment peut-on flétrir la police à ce point. Aujourd'hui, notre police, différente de celle de Vichy, n'est pas aussi celle de Staline, un régime communiste encensé aveuglément par la Gauche française jusqu'à la fin des années 60, Hitler,

Pol Pot, Castro, Pinochet… ou les colonels Grecs si bien décrits dans le film *Z*.

Décidément, VIVA ! Ça ose tout, c'est à ça qu'on les reconnaît.

Le jour où le maire de Nice, grâce à la loi du grand nombre, deviendra un musulman aussi˝modéré˝ que celui de Stains, ne jouez pas les étonnés si « l'ange Zied », le modèle de bonté et d'humanisme, ait une rue à son nom. Ne montez pas sur vos grands chevaux si la mairie de Nice, à l'instar de celle de Garges-Lès-Gonesse, organise le marché du ramadan sur le parvis de l'hôtel de ville du vendredi 24 au dimanche 24 mars 2023, au son d'Allah *la Bella*.

Samedi 1er octobre. Outré par le défilé du déshonneur - il n'aurait jamais avoir dû lieu -, Reconquête organise une manifestation en soutien aux Forces de l'ordre. Sans le concours des médias. Le résultat est décevant. Le cortège ne rassemble guère plus de deux cents personnes. Les retombées sont peu relayées. Les médias locaux suivent les consignes. Les Niçois sont plus avertis de la manif pour Zied le délinquant plutôt que de celle planifiée par Reconquête. L'absence des leaders des partis RN, DLF, Patriotes, Génération Frexit et des LR de Christèle d'Intorni est encore plus préjudiciable. Ils clament souveraineté nationale. Ils sont incapables de l'appliquer localement. Ils placent leurs intérêts personnels avant ceux, primordiaux, des habitants de la ville de Nice. Voici encore une bonne explication du dégoût des Niçois de se rendre aux urnes.

Le 14 novembre, le colonel de gendarmerie Sébastien Thomas dresse un constat sévère sur *France Bleu Azur*. « *Depuis la mort de Zied, la tendance sur le refus d'obtempérer est en forte hausse sur la zone gendarmerie en Alpes Maritimes : tous les trois jours.* » Avec l'arrivée des clandestins d'Ocean Viking prévue l'année prochaine à Toulon, d'après un de mes informateurs, il pourrait devenir quotidien.

Dans ce contexte douloureux, les ministres Darmanin et Dussopt soufflent sur les braises. Conscients que l'UE ne leurs donnera jamais l'autorisation d'appliquer les OQTF, ils proposent le 2 novembre 2022 la création d'un titre de séjour "métiers en tension". Un véritable péril pour la Nation puisque c'est davantage d'immigration qui vient s'ajouter à l'immigration subie. C'est, en fait, un moyen parallèle d'envahissement légal du territoire. Pire, en prenant les Français par traîtrise. Mon analyse est confirmée le 7 mars 2023. Alger suspend la délivrance des laissez-passer consulaire en France. Plus aucun Algérien ne pourra être expulsé depuis la France. Réaction de Darmanin à une question d'un journaliste : « Aucun commentaire ». Depuis l'affaire du Stade de France, le menteur préfère la boucler. Ça ne le rend pas pour autant moins odieux.

Le seul métier en tension actuellement est le manque de soudeurs Français hautement qualifiés pour remettre en état nos centrales nucléaires à cause des engagements de Hollande et de Macron vis-à-vis d'EELV pour la fermeture de nos centrales nucléaires. D'où la nécessité de faire venir des États-Unis un personnel très coûteux, sans compter les indemnités de déplacements. Si des restaurateurs peinent à trouver du personnel, des solutions existent. Par exemple la baisse des charges patronales et salariales afin d'obtenir un meilleur salaire net. La cessation de nourrir la planète entière afin de préserver nos acquis sociaux et de réduire les dangers du communautarisme islamiste permettront également d'offrir un meilleur pouvoir d'achat. À l'heure actuelle, des milliers de femmes et des centaines d'hommes musclés perdent leur emploi suite à l'hécatombe des fermetures de nombreuses chaines vestimentaires et autres. Ils peuvent palier aux métiers en tension y compris dans le bâtiment. Il est donc inutile de former des migrants aux rudiments de la cuisine, surtout avant de leurs inculquer notre mode de vie.

Depuis le 10 février 2023, les faits divers devenus quotidiens sont mis en veilleuse par l'affaire Pierre Palmade. Mentionnons ceux apparus en mars à Cannes et à Saint-Denis. Les des deux chauffards qui ont pris des risques insensés de conduite acrobatique pour blesser grièvement les forces de l'ordre ont contraint des médias locaux à le signaler à leurs lecteurs. Cependant, les journalistes attachent plus d'importance aux chauffards contusionnés en s'écrasant contre un plot ou un mur que les agents des forces de l'ordre mutilés pour avoir accompli tout simplement leur métier.

28 mars 2023. Vers 4 heures du matin, lors d'un banal contrôle routier, la police eut la surprise agréable d'appréhender un client au profil différent des délinquants habituels. Quel plaisir de discuter avec un homme érudit doté d'une bonne élocution. C'est un connaisseur de la loi, un avocat alcoolisé et positif à la cocaïne. Originaire de La Garde, il a été interpellé à La Crau, après un demi-tour brusque à la vue des uniformes suivi d'un premier refus d'obtempérer à La Valette du Var, puis d'un second sur le rond-point de La Bigue au niveau du bowling de La Garde, au nord-est de Toulon rapporte *BFMTV Côte d'Azur*. D'ici qu'il soit spécialiste en délits routiers commis par les adeptes des rodéos urbains ou des refus d'obtempérer, l'affaire est mal engagée pour Maître ˝Coke˝. Il aurait apprécié l'immunité de robe proposée par la LR Christèle d'Intorni. Qui est-il ? La Presse est peu loquace. Pourtant ses clients, surtout ceux qui s'interrogent sur ses capacités réelles de les défendre aimeraient bien le savoir. Il y a tant d'avocats indélicats que ce ne soit pas étonnant si leur profession est largement plus décriée que celle des Agents Immobiliers qui n'a déjà pas une excellente réputation. Normal ! Le baveux encaisse dès que vous lui avez serré la main, à la différence du vendeur de votre bien qui doit se démener pour obtenir son casse-croûte. À l'Ordre des Avocats du Var de prouver que ses clients le nomment un Sauveur, un Bienfaiteur des incompris de la police et de la justice, et que c'est la première fois de sa vie qu'il avait bu et consommé de la coke, même si des confrères de Toulon, jaloux de sa réussite professionnelle, le surnommeraient *Le pilier des bars*, d'après la rumeur. Qu'il contacte les défenseurs de Zied, les spécialistes pour transformer un délinquant en ange, et démontrer un vice de forme en pointant un réel manque de respect de la part du policier qui n'avait pas repassé sa chemise pour demander le permis de conduire à son client en tenue négligée.

6

Lundi 29 août 2022. Grâce aux images enregistrées par les caméras de la vidéosurveillance, le gardien de l'immeuble découvre une vieille dame victime d'une violente agression perpétrée par trois adolescents. La dame semble marcher tranquillement quand l'un d'entre eux débarque par derrière et la frappe brutalement au visage la faisant chuter puis part en rigolant. Un autre lui vole son sac à main pendant que le dernier filme la scène, avant de la laisser pour morte, inconsciente, au sol. Vers 12h30, Angèle Houin, 89 ans, est retrouvée inanimée devant son bâtiment situé dans le quartier de la Bocca à Cannes. Avant de poursuivre la description du calvaire subi par la dame âgée, un tragique incident, hélas considéré comme un fait divers depuis de longue date, plongeons-nous dans la vie trépidante d'autres jeunes mineurs dans les années 1980 dont les parents ont fraichement débarqué en France quelques années auparavant.

***

La centrale électrique située dans la paisible rue des Nanettes du onzième arrondissement de Paris jouxte des immeubles récents qui se sont substitués aux bâtisses délabrées. Ils bénéficiant de terrasses profondes et de parkings couverts, un plus indéniable.

Dès le premier soir de mon installation dans la résidence conviviale à peine achevée en 1985, une constatation désagréable s'impose. L'immense cour de la centrale électrique sert illégalement de terrains de jeux à de jeunes enfants, malgré la présence de deux panneaux bien visibles signalant l'interdiction formelle d'y pénétrer, sans oublier la troisième pancarte recouverte d'une tête de mort précisant le grave péril. Que font les forces de l'Ordre. Même au-delà de minuit, la consigne n'est toujours pas respectée, principalement par des gosses Arabes et Noirs. Les autres mômes, des Français de souche ou des Asiatiques, présents dans ce coin tranquille du Père Lachaise n'y figurent pas. Dois-je conclure qu'ils étudient, lisent, regardent la télé, se divertissent ou bien qu'à cette heure de la nuit, ils dorment sagement. Car, est-il normal de laisser trainer des enfants de moins de douze ans dans la rue, sans surveillance. Surtout quand vous êtes alertés d'un danger potentiel bien réel.

Pendant plusieurs années, principalement durant les beaux jours, nous subissions les cris stridents des mômes ou le bruit sonore du ballon de foot qui malmène singulièrement la haute clôture grillagée de protection. Quelquefois, nous sursautions. Encore un pare-brise d'une des voitures garées le long de la rue qui vole en éclats. Ce soir-là, le dur cuir du ballon gonflable s'était échappé soudainement de l'endroit supposé interdit grâce au puissant pied magique d'un futur champion. Le dégât ne gâchait pas l'enthousiasme des chenapans, peu perturbés ou inconscients des dommages qu'ils venaient d'occasionner. Imaginer un gosse récupérer le ballon sans faire attention, heurté par un véhicule tentant de s'échapper à très vive allure à un contrôle. Ils n'ont strictement rien à faire dehors la nuit. Sans vigilance de surcroît.

La police, prompte à coller des contraventions, n'intervient pas. Que fait le maire de l'arrondissement, celui de Paris et le gouvernement ? Si personne n'explique aux parents irresponsables, aux mœurs et aux cultures différentes de la nôtre, le respect des consignes, comment peuvent-ils se fondre dans la Nation. Les élus ou les ministres prétextent d'autres préoccupations pour laisser pourrir la situation plutôt que d'y remédier. Un état de fait, certes encore enfantin par rapport à d'autre cités HLM. Plus particulièrement dans celles, sordides, du *neuf-trois* où les règles de bonne conduite entre voisins ne sont déjà plus appliquées.

Ces nuisances, de plus en plus fréquentes, sont les conséquences fâcheuses d'une immigration incontrôlée dont le regroupement familial est le véritable amplificateur. Elles se répandent sur tout le territoire et provoquent des tensions exacerbées. Elles sont une des premières causes de l'exil de personnes dans des lieux où leurs ancêtres ont grandi ou ont accueilli des étrangers. Des Espagnols, des Italiens, des Portugais, des

Polonais, des Russes, des Hongrois et d'autres pays de la vieille Europe. Eux, ils se sont agrégés, sans trop de difficultés, aux mœurs, aux coutumes, aux traditions de la France, ainsi qu'à son principe de la laïcité, le fondement de la séparation des Églises et de l'État, puisqu'ils avaient avant tout une culture judéo-chrétienne.

Le déplacement forcé des Français accélère l'échec patent de notre système scolaire et le recours aux écoles privées. Une forme d'instruction jugée « réactionnaire » pour les socialistes obtus, ou trop « partisane » pour ceux attachés à l'école laïque. Pap N'Diaye imite ceux qui l'ont précédé en mettant sous le tapis ce qui dérange ou menace. Le racialiste est un véritable fléau pour la France qu'il crache. En effet, peut-on admettre les propos inadmissibles de l'intellectuel indigéniste qu'il dit à Frédéric Haziza sur *Radio J* le 4 décembre 2022. Il prétend qu'Eric Zemmour est un « poison lent pour la France ». On ne joue pas impunément avec les mots. Ils ont un sens. On n'inverse pas l'histoire. La première morsure qui frappa la France fut l'établissement du regroupement familial en 1976. Elle s'étend progressivement au fil des ans de plus en plus dangereusement au point que le venin qui s'est tant répandu en France y compris dans certains villages contraints d'accepter les migrants explose avec l'exportation d'idées nocives des États-Unis vers la France, le wokisme.

Ne serait-il pas opportun de rappeler et de redéfinir quelques règles de base. Ou bien, tout retour aux fondements de la République n'est plus qu'un rêve pieux. Il ne peut plus être discuté, soutenu et partagé. Parce qu'il est préférable de nier les faits, de continuer à les glisser sous le tapis ou, tout simplement, de les tolérer, plutôt que de combattre la triste réalité. Ô combien la difficulté est immense. Surtout après le scandale de l'inauguration de la mosquée du Pontet le 17 mars 2023 par le député RN du Vaucluse, Joris Hébrard. Un lieu de culte financé par l'État Turc. Clientélisme oblige nous explique laborieusement le député. Puis, il s'enfonce davantage dans l'ignominie. Il se défausse piteusement sur l'ancien maire UMP qui avait vendu le terrain et délivré le permis de construire. Pour ravir la mairie en 2014, Joris Hébrard avait sûrement pointé la construction de la mosquée afin de capter les voix de ceux qui veulent que la France reste la France. Finalement, lassé de ce tollé, Joris Hébrard démissionne au début du mois d'avril et retourne au Pontet en tant que maire.

Une question me turlupine. Au moment de cesser ses activités professionnelles, percevra-t-il 1 200 euros de retraite par mois pour moins d'un an de présence à l'Assemblée nationale ?

***

Retour à Cannes la Bocca auprès d'Angèle Houin. Lundi 29 août 2022.

Transportée aux urgences par les sapeurs-pompiers, le médecin légiste constate qu'elle souffre « d'ecchymoses, d'érosions aux membres, et d'un important traumatisme cranio-facial avec contusions ». Les trois auteurs des faits ont été rapidement identifiés. Tous trois ont été déférés jeudi après-midi et répondront de leurs actes devant le tribunal pour enfants le 30 novembre. Ils seront notamment poursuivis pour des « violences aggravées commises au préjudice d'une personne particulièrement vulnérable ». Le parquet de Grasse a précisé que l'auteur des coups, âgé de 14 ans, et celui qui a dérobé le sac, 15 ans, sont également concernés par une autre affaire : Une tentative de vol avec dégradations commise en réunion le 27 juillet.

Interrogé, David Lisnard, le maire LR de Cannes, outré, rajoute : « *S'il s'agissait de ma mère… c'est peut-être moi qui serais en prison* ». Il s'est lâché avec la même spontanéité et sincérité qu'Albert Camus, le talentueux écrivain qui vénérait sa mère. Des personnes furent étonnées par de telles paroles. Quelques jours après ses propos polémiques, sur la radio *Europe 1*, le maire de Cannes persiste et signe. « *J'assume ce que j'ai dit. Il faut dire la réalité des choses. Ces faits sont en-dessous de l'humanité* ».

David Lisnard ne décolère pas. Il écrit au ministre de l'Intérieur, Gérald Darmanin, l'ancien LR qui avait si bien dégommé Macron en 2016 pour lui lécher les babouches l'année suivante. Il espère « que l'excuse de minorité puisse être automatiquement levée dans des cas d'espèce aussi graves et que les auteurs de tels agissements soient considérés comme des justiciables à part entière ». Par ailleurs, il explique avoir « demandé l'expulsion des familles des trois mis en cause du logement social dont elles bénéficient auprès des bailleurs concernés », ainsi qu'une « interdiction de séjourner et de transiter sur la commune de Cannes à l'encontre des trois agresseurs ».

Sept jours plus tard, Angèle Houin, le visage tuméfié, témoigne devant la caméra de *BFMTV Nice*, toujours depuis sa chambre d'hôpital. Elle présente encore des marques sévères d'ecchymoses et de contusions. L'octogénaire qui n'avait « rien vu » et « rien senti », ne comprend pas pourquoi elle a été la cible de la violence. « Je n'ai rien fait à ces jeunes » a-t-elle dit aux journalistes. Pourtant, elle a confié ne pas être « en colère », se demandant si c'était de la faute de ces jeunes ou celle de leurs parents. Elle a également précisé qu'une famille d'un des agresseurs avait appelé sa petite-fille pour lui demander d'enlever la plainte contre de l'argent : « On vous donne des sous ». Ce qu'elle a refusé : « Non ! On ne veut rien du tout. Dégagez ! »

Les parents sont-ils les seuls responsables ? L'origine de la faute vient aussi des politiciens. Ils sont coupables et responsables de la dérive depuis plus de quarante ans. À Cannes, au premier trimestre 2023, dans certains quartiers ignorés par les oligarques Russes et Ukrainiens, le médecin qui part en retraite n'est pas remplacé.

Le 5 septembre 2022, René, le fils lourdement affecté d'Angèle Houin, est convié dans l'émission *Touche pas à mon poste*. Il crie toute sa colère et sa haine : « *Si je les ai en face, je les tue tous les trois* ! » Dix jours plus tard, *TPMP*, l'émission plus à la recherche d'audimats que d'informations objectives sur les périls qui s'abattent en France, reçoit à nouveau René et le père du vaurien qui n'aurait pas déclaré son activité d'Agence de voyages, il devrait 61 000 euros à la CAF. Accompagné de sa fille, il présente ses excuses à plusieurs reprises à la famille de la retraitée de 89 ans. René, très ému, en larmes, admet que sa mère ne va plus aussi bien.

Est-il raisonnable d'inviter le père de l'agresseur quand le parquet de Grasse est déjà saisi d'une autre affaire concernant son fils. Le môme aurait d'autres méfaits à son actif aux dires de la mairie. Ou bien, doit-on éviter de s'interroger sur la responsabilité et le suivi des parents sur leurs rejetons. Cherche-t-on à réduire la faute, comme la justice vient de le décider pour celui qui filmait. Une décision incompréhensible. Il est autant coupable que les deux autres. Lui aussi n'a aucune moralité. Leurs parents ont-ils inculqué le sens du devoir, de la bonté et du respect d'autrui ? Ou bien, les ont-ils laissé livrer à eux-mêmes à l'instar des garnements de la rue des Nanettes ? Les inconscients jouaient au ballon dans un endroit dangereux, formellement interdit, au-delà de minuit.

N'oublions pas la prémonition de Gérald Collomb, très sceptique sur le devenir de la France, le jour de sa démission de ministre de l'Intérieur. Un constat renforcé par Pierre Brochand, ancien ambassadeur français, ancien patron de la DGSE.

La plupart des commentaires sur *Nice-Matin* Facebook condamnent sévèrement la violence gratuite. Parfois, hélas, dans des termes peu élégants, voire déplacés ou pire, nauséabonds. Elles sont trop souvent mises en évidence afin de masquer ou de réduire la portée des réflexions de bon sens émanant principalement de Français de souche. La seule remarque positive que je notai, ce jour-là, provenant d'une personne de religion musulmane, fut formulée si maladroitement qu'elle suscita un véritable tollé. « *Chez nous, au bled, les jeunes ne frappent pas une dame âgée.* » Laissons de côté la réplique expéditive et trop sèche : « *Retourne au bled* ! » pour se concentrer à celle plus réfléchie : « *Devons-nous comprendre que frapper une Française, même très âgée, est normal pour les jeunes voyous dont les parents viennent du bled ?* » Une réponse qui devrait être débattue à l'assemblée. Car si la transmission des valeurs familiales n'est réservée que pour les familles musulmanes et non à tous les Français, aussi bien les mécréants, les athées, les Juifs, les Chrétiens, les homosexuels les libres penseurs ou autres, dans ce cas, l'Islam a-t-elle encore sa place en France. Si la dame transmet uniquement sa religion, ses mœurs et ses traditions à ses enfants : « *Chez nous, au bled* ».

***

Citons trois autres actes de violences apparus plus ou moins en même temps, impossibles de les dissimuler. Soit des lycéens en furent les témoins, soit des vidéos circulent en boucle dans les réseaux sociaux et quelques médias désireux de faire encore leur job.

Un lynchage survenu le mardi 13 septembre 2022. (La Dépêche)

Un surveillant scolaire de lycée a été agressé vers 18 heures, dans le quartier Croix-Daurade à Toulouse. Alors qu'il prenait une pause aux abords de l'établissement, il a été accosté par deux adolescents. Ils lui ont demandé de donner une cigarette. Le surveillant leurs a expliqué qu'il n'en avait pas et qu'il ne fumait pas. Sa réponse n'a pas convaincu ses interlocuteurs. À seulement 14 ans et 15 ans, ils se sont jetés sur lui et se sont lancés dans un véritable passage à tabac. Leur victime a reçu des coups de poing au visage puis a essuyé une balayette.

Témoins de la scène, des élèves du lycée sont venus au secours du surveillant qui est parvenu à se réfugier dans un local communal. Les deux jeunes garçons, qui seraient extérieurs à l'établissement, ont été interpellés par la police et placés en garde à vue. Lors de leur audition, l'un a reconnu sa participation aux faits en le minorant. L'autre a nié en bloc.

Qui sont ces deux violents lascars ? La Dépêche est peu curieuse.

À moins que… Pas de vidéos. Pas question d'approfondir.

Une enseignante du lycée Simone Veil édifié dans le 3ᵉ arrondissement de Paris prévoit une sortie scolaire à la Bibliothèque historique de la Ville de Paris. Elle est située depuis 1969 dans l'hôtel Lamoignon élevé à la fin du 16ᵉ siècle. Une visite instructive dans le quartier du Marais, un endroit chaleureux chargé d'histoires merveilleuses, cruelles ou tourmentées. Aujourd'hui, il est très apprécié par une frange de la population.

Quand, soudainement, un vendredi 16 septembre 2022, l'enseignante avertit une élève que le règlement intérieur du lycée ne l'autorise pas à porter le voile, également lors des sorties scolaires. Elle lui demande de le retirer. L'intéressée refuse et appelle sa famille. En ligne, son frère demande à parler à l'enseignante. Il ne tarde pas à la menacer : « *Je vais venir te défoncer, tu vas voir ce qu'il va t'arriver* », aurait-il déclaré. Interpellé puis placé en garde à vue, il aurait continué ses menaces, rajoutant selon *Actu 17* : « *Si quelqu'un touche ou demande à ma sœur d'enlever son voile dans la rue, je le tue.* »

Je crains pour la sécurité de l'enseignante quand elle croise ses collègues, en particulier les plus fraîchement recrutés. Quel soutien peut-elle espérer de leurs parts si on parcourt l'étude menée par l'Institut Jean Jaurès auprès des professeurs sur le thème de la laïcité. Nous lisons avec désarroi : parmi les jeunes professeurs, 57% soutiennent le port du voile à l'école (Article du *Figaro* du 08/07/2021). Avec la loi du grand nombre qui prend de l'ampleur, le mot laïcité est aussi efficace qu'un pistolet à eau face aux assassins. Cessons de rabâcher ˝laïcité˝ à tout bout de champs afin d'éviter de prononcer les vrais termes. Le nouveau sondage paru dans l'IFOP de mars 2023 est encore plus préoccupant. Deux-tiers des enseignants de moins de 30 ans estiment que les élèves devraient pouvoir venir en cours dans la tenue qui leur convient, et 40% des jeunes profs considèrent que la loi de 2004 sur les signes religieux est islamophobe. Jusqu'où va se loger l'islamophobie dans ces esprits englués complètement pollués par les principes rigoureux de Mahomet.

Un autre questionnaire auprès du service du personnel des collèges et des lycées réalisé durant le premier trimestre 2023 est encore plus alarmiste. Sur les 1 000 personnes qui ont répondu, 42% ont constaté chez les élèves des tenues dites « culturelles » mais qui peuvent être « utilisées dans le cadre d'une pratique religieuse ». Quelle précaution dans le choix des mots ! Écrire ˝qamis˝ ou ˝abayas˝ peut-il pénaliser le personnel administratif et les enseignants jusqu'à leurs déclassements voire leurs exclusions ? Dans les lycées généraux et techniques, la proportion monte même à 72%. Le milieu rural, à la différence des villes et surtout des endroits avec une forte proportion de musulmans, est peu concerné.

Encore une excellente raison de s'opposer à l'implantation des migrants dans nos villages. En allant à l'encontre des habitants, deux voitures et la maison du maire de Saint-Brévin ont été incendiées dans la nuit du 22 mars 2023. L'acte criminel doit être naturellement condamné. Mais un gouvernement est-il autorisé à forcer les habitants des zones rurales à subir les mêmes outrages que dans le neuf-trois ou ceux intervenus dans le quartier de La Frayère de Cannes le 23 mars 2023, qui s'est à nouveau distingué par des tirs aux mortiers et des feux aux containers. Lors du procès, le maire complice de l'UE, le chantre de l'invasion de l'Europe par l'Afrique, pourrait avoir en face de lui un avocat aussi habile et retors que Dupond-Moretti. La volonté de la majorité de ses électeurs n'ayant pas été respectée, l'urgence de la sauvegarde de la Nation excuse celui qui a mis le feu à la maison du maire.

Pauvre France ! La religion de la paix et de l'amour, prête à tuer pour un bout de ˮchiffonˮ, serait synonyme de liberté pour l'hypocrite Union Européenne. Quand ce même foulard, mal ajusté en Iran, entraîne automatiquement la mort des femmes courageuses, éprises d'égalité. Elles veulent tout simplement vivre librement et ne plus subir les contraintes de la religion mortifère. Dans le pays qui a réussi à unir des Français si déchirés grâce à la loi de 1905, toutes les religions ont leurs places tant que la foi reste une affaire personnelle entre le croyant et Dieu et se pratique dans la discrétion. Si l'islam, une religion réductrice, refuse de se plier à nos valeurs, nos lois, nos traditions et nos coutumes, faut-il continuer à la tolérer en France. Ou, après avoir éradiqué le Dieu des Juifs et des Chrétiens, devrons-nous nous plier à la falsification de l'islam qui prétend être la première religion monothéiste depuis plus de 5 000 ans. L'islam a de solides alliés avec Macron, La Nupès, Ursula Von der Leyen, les wokistes, des défenseurs acharnés des minorités au détriment de la majorité des Français.

Une grande majorité de jeunes Français de confession musulmane, y compris ceux de la troisième génération, ne s'identifie plus à la Nation. Le sondage du *Figaro* du 30 mars 2023 le confirme : « Le port du voile par les femmes musulmanes est en constante hausse, avec une progression de 55% en 10 ans. Entre 18 et 49 ans, la part de celles qui le portent est passée de 18% à 28%. » Macron, au lieu de dire à Strasbourg en mars 2022 qu'il trouvait « beau » de rencontrer une femme voilée et « féministe », ferait mieux de s'inspirer du gouvernement des Danois, de Gauche de surcroît. Les conditions d'entrée au Danemark, aujourd'hui, sont très strictes et très réglementées. Nous aussi, nous pourrons leurs faire prendre conscience qu'ils ont tous leurs places en France, pays où le droit au blasphème n'est pas condamnable, à condition qu'ils ne prennent pas le mauvais chemin. S'ils refusent, les plus hostiles à notre mode de vie plus que millénaire emprunteront la direction vers les pays qui pratiquent avec beaucoup de tendresse les principes du Coran qu'ils chérissent tant. Hélas ! Toute personne de bon sens est taxée de bien plus dangereux que les musulmans, haineux et sectaires, partisans du séparatisme. Des musulmans qui applaudissent la tuerie à *Charlie Hebdo*, la décapitation de Samuel Paty ou la défenestration de Sarah Halimi. Même dans l'enceinte de quelques écoles, collèges et lycées avec l'approbation de quelques professeurs d'extrême gauche.

Tout ceci prouve que la France vit sur un volcan. Le film de Jean Renoir, *La règle du jeu*, sorti en 1939, est d'actualité :… *On est à une époque où tout le monde ment : les prospectus des pharmaciens, les gouvernements, le cinéma, la radio, les journaux … Alors pourquoi veux-tu que nous autres les simples particuliers, on ne mente pas aussi.*

***

Le mois d'octobre 2022 à peine entamé, plusieurs faits divers non filmés, provoqués par des mineurs surgissent dans maints endroits de France dans un silence total de la part de nos médias. Cette fois-ci, Madame Le Borne et son compère Darmanin n'ont pas autant de chances. Il est impossible de camoufler, voire minimiser les images catastrophiques sur celui survenu le 3 octobre dans l'Oise et qui reflètent le mal réel de nombreux établissements scolaires, car des vidéos circulent en boucle. Cependant, avant de le relater, disséquons d'abord un fait plus ou moins analogue apparu dans les années 80 dans un lycée professionnel du Val d'Oise. Une ville bourgeoise pourtant peu réputée pour être violente à la différence d'autres communes du 95 et de la presque totalité du Neuf Trois.

Deux élèves, l'un bâti comme Obélix, l'autre avec la stature de Jean-Claude Duss dans le film *Les Bronzés*, sans la potion magique, sont chahutés et menacés par des français d'origine maghrébine et africaine. Obélix qui ne se laisse pas intimider les corrige sérieusement. Les cinq ou six garnements mûrissent leur vengeance. Quelques jours plus tard, avec le concours d'une trentaine de leurs copains désœuvrés, extérieurs à l'établissement, ils rossent sévèrement les deux élèves, en particulier, le gringalet, cloué à l'hôpital pendant un mois.

Rétablis, le chef d'Établissement incite les deux élèves à changer de bahut. Il n'est plus en mesure de garantir leur sécurité. Déjà à cette époque, il ne fit pas preuve d'un grand courage. Pour assurer sa promotion ou par peur des répercussions ? Ou bien, tout simplement, suite aux pressions du ministère de l'Éducation nationale qui lui ordonne de trouver la solution la moins retentissante afin de ne pas punir les véritables fauteurs de troubles.

Excepté un professeur attaché aux valeurs de la laïcité et du mérite, personne ne broncha. Les enseignants craignent tant les représailles sur leurs moyens de locomotion parfois endommagés qu'ils ont cessé de faire preuve d'autorité.

À partir de ce jour, le professeur d'Histoire révolté compta le nombre d'années qu'il lui restait à accomplir. Les 60 ans atteints, dans un immense cri de soulagement, celui-ci tira sa révérence.

À l'heure où j'écris, le passionné de la plongée sous-marine, continue, aux quatre coins du globe, de profiter pleinement de la promesse du fourbe François Mitterrand faite aux Français pour se faire élire en 1981.

Un engagement partisan tenu, comme les 35 heures quelques années plus tard, aujourd'hui source de frictions permanentes.

Hélas, la violence inouïe, la honteuse capitulation, se renouvellent constamment. Toujours avec le concours des médias, soucieux de ne pas alerter la population. Depuis 1980, il nous serine leur leitmotiv :˝La diversité est une richesse˝.

Revenons à l'incident du 3 octobre dans l'Oise. La leçon des années 80 n'a pas été retenue. Les 15 secondes d'images, d'une extrême sauvagerie, circulent en boucle sur les réseaux sociaux. Sinon, qui l'aurait su ? De tels carnages, il y en a pléthore en France. Sur la vidéo, on voit un adolescent handicapé, coincé contre un grillage, recevoir un déluge de coups par quatre jeunes, à proximité de son lycée à Saint-Maximin. Monsieur Darmanin ! Les brutes ne sembleraient pas avoir le profil d'un Anglais ou d'un Danois.

La prose nuancée du journaliste à la solde du gouvernement est-elle encore de rigueur : « *Cinq mineurs de l'Oise, dont deux vivant à Creil, sont "soupçonnés" de violences.* » Le journaliste est-il myope ou n'a-t-il pas vu la vidéo ? On les voit bien distribuer plusieurs coups de poing et des coups de pied avec bestialité. Un matraquage en règles, aussi sauvage que les *SS* durant la seconde guerre mondiale. Comment peut-on minimiser la conduite scandaleuse des cinq gredins, en utilisant un écrit si "soft", au lieu de dénoncer, avec les mots justes, la lâcheté et la dépravation de ces lascars. Des excités qui ont perdu tous les repères essentiels à une vie collective en bonne intelligence.

France Info reconnaît que la vidéo a été très partagée pour dénoncer l'insécurité, pour rajouter insidieusement « notamment par des figures de l'extrême droite. » Journalistes sectaires de *France Info*, votre remarque très orientée est indigne. Partager la vidéo cauchemardesque n'est pas de la récupération politique. Elle devient une nécessité vitale surtout quand vous vous efforcez de détourner la véritable cause du malaise en France. Quand bien même serait-elle une récupération politique, c'est le devoir des politiciens non inféodés au pouvoir méprisable de le signaler.

Français ! Ouvrez vos yeux, débouchez vos oreilles. Le vivre ensemble, qu'il soit idéalisé par des doux rêveurs ou par des gens aux idées mortifères, est un échec total.

Journalistes bénéficiaires de subventions abondantes aux frais des contribuables pour faire tourner votre boutique moribonde incapable de sortir une page de qualité. Est-ce vraiment de la bêtise d'alerter sur les malheurs infligés au jeune handicapé. Est-ce de la maladresse de faire partager la douleur de ses parents, affligés par tant de haine et de méchanceté de la part de mineurs sur la carte d'identité mais suffisamment grands dans le maniement de la maltraitance. Est-ce vraiment de l'inconscience de signaler l'angoisse de la famille, victime de la férocité des mineurs sans foi ni respect et de préciser qu'ils fréquentent le même établissement que leur enfant. Le gouvernement, ferme dans son discours, va-t-il aller jusqu'au bout, ou bien retomber dans sa posture habituelle, à savoir, offrir le minimum de soutien. Afin de ranger, une fois de plus…

***

Un nouvel exploit des mineurs ! Le jeudi 20 octobre 2022, nous apprenons par le journal *Le Parisien* l'interpellation de trois adolescents à leur domicile respectif. Remontons les faits.

22 septembre 2022, 7 heures 05 à Pontoise. Trois jeunes frappent à la porte d'un homme âgé de 68 ans. Ils demandent de l'aide. Le trio bouscule l'homme serviable et l'emmène dans sa chambre avant de le ligoter. Ils fouillent la maison et s'emparent de ses cartes bancaires non sans avoir forcé la victime à leurs communiquer les codes secrets. L'un va retirer quelques centaines d'euros au premier distributeur de billets pendant que les deux autres montent la garde. De retour, les gredins prennent la fuite. À 7 heures 40, l'homme, sérieusement ébranlé, parvient à se libérer. Il prévient la police. Les enquêteurs recueillent les images de vidéosurveillance de la ville et identifient trois jeunes suspects originaires d'une cité voisine. (Laquelle ? Le journaliste ne précise pas. A-t-il reçu des consignes ?) En tout cas, ce grave incident a certainement été classé en fait divers. Bien mis sous le tapis. Qui sont ces jeunes. Ont-ils des antécédents négatifs. Nous l'ignorons.

10 octobre 2022, à proximité de Port Cergy. Rebelote ! Une agression survient chez un couple de retraités. Le procédé ressemble au précédent. Le couple, frappé et menacé avec un pistolet, est contraint de remettre leur carte bancaire. Les voleurs, bien rodés je suppose, réalisent des

retraits d'argent au distributeur d'une banque. Ils sont formellement identifiés. Qui sont ces jeunes, cette fois-ci encore, nous l'ignorons. Dans ce coin du Val d'Oise, y-a-t-il tant de jeunes insouciants, la formule choc lors de la prochaine plaidoirie de Dupond-Moretti. Des ``anges´´ qui menacent les personnes âgées, au point d'écumer, au nez et la barbe de la police, tous les distributeurs de banques de la région. Les médias locaux sont peu loquaces. Si je me trompe, il fut certainement classé en fait divers. En attendant le suivant.

Quand, à la veille des vacances, afin de prévenir d'autres tentatives, souligne le journaliste, trois adolescents ont été interpellés à leur domicile respectif le jeudi 20 octobre. Au cours de la perquisition, les forces de l'ordre mettent la main sur des objets volés appartenant aux deux victimes précédentes.

Les médias locaux ont-ils perdu le sens de l'esprit critique. Qui sont vraiment les trois jeunes ? Suivent-ils une scolarité ou un apprentissage ? Ont-ils déjà commis des méfaits avant le premier incident du 22 septembre ? Si c'est le cas, le laxisme de la justice est révoltant et celui du gouvernement condamnable. Dès le 22 septembre, ils étaient identifiés. Pourtant, ils n'ont pas été appréhendés. Ont-ils été déférés devant un juge pour enfants ? Beaucoup de questions sont restées sans réponses. Sauf si des consignes venues des supérieurs hiérarchiques de la police ou de la magistrature, elles-mêmes issues d'ordres imposés par le pouvoir absolu de Macron les en ont empêchés.

En effet, nous découvrons seulement le 20 octobre que les voleurs du 10 octobre sont identiques à ceux du 22 septembre. Pourquoi avoir tant tardé à coffrer des récidivistes ultra dangereux. Pourquoi avoir pris des risques aussi immenses en les laissant en liberté. Si le couple, en voulant résister, avait pris chacun une balle dans la tête. Si d'autres personnes avaient subi un supplice analogue. Le Président Macron et son gouvernement portent une lourde responsabilité. Les trois lâches ! Qui sont-ils ? Aujourd'hui, on supprime carrément les prénoms. Sauf si Pierre est vraiment Pierre. Dans ce cas, les médias se déchainent. Un délice également pour Olivier Véran, discret d'habitude - Surtout pas de vagues ! Pas d'amalgames ! – il se libère et clame fièrement : « *force doit rester à la loi* ». Les cultures, les mœurs, les coutumes, l'islam… sont une telle richesse pour la France. Macron, le progressiste mondialiste aux ordres de l'Union Européenne, persiste à le penser. Bien seconder par l'inefficace et prétentieux Bruno Le Maire qui a un avis très tranché sur les˝bourrins˝ sectaires, arriérés et bornés en France : « *C'est trop compliqué pour le peuple de saisir les changements pour leurs biens.* »

Le retraité de Pontoise et le couple âgé à proximité de Port Cergy, ont-ils été victimes de voyous ayant le profil similaire à ceux s'en étant pris à Angèle Houin ? La pauvre mère agressée et dépouillée le lundi 29 août 2022 dans le quartier de la Bocca à Cannes. Les explications escamotées posent des questions légitimes à n'importe quel esprit critique, curieux et excédé par tous les actes violents souvent impunis.

Dans ce cas, quelle crédibilité faut-il accorder à des politiciens qui nous serinent continuellement l'application de l'État de Droit.

***

Cannes est-elle devenue la ville du festival des horreurs pour les femmes âgées, interdites de flâner paisiblement ? Le mercredi 26 octobre 2022, une dame de 82 ans, victime d'un vol avec violence, en fit une amère expérience. Tandis qu'elle promenait tranquillement son chien en fin d'après-midi sur le boulevard de Midi, un homme aux pensées mauvaises surgit derrière elle pour lui arracher le collier en or qu'elle portait.

Prévenu par des passants, les forces de l'ordre repèrent le suspect sur les caméras de surveillance de la ville. Après avoir tenté d'échapper aux autorités, quitte même à traverser les voies ferrées sans prendre garde, l'individu, après s'être débarrassé de son butin, a été interpellé dans un immeuble situé avenue Francis Tonner. Il s'agit d'un clandestin tunisien de 22 ans qui n'avait donc rien à faire en France.

La pauvre dame a été prise en charge dans un grand état de choc.

Imaginer le voleur agressif renversé mortellement par le TGV. Les partis LFI et PC de Cannes imitent leurs collègues VIVA de Nice. Nous lisons sur les pancartes qu'ils arborent fièrement durant leur digne marche blanche : « Un être si miséricordieux » « Supprimons la vidéosurveillance ! Elle tue un innocent. » « Lisnard ! Un ogre qui s'acharne sur un gentil » « La police n'est pas charitable » « Justice ! La police fasciste de Lisnard assoiffée de sang tabasse un homme juste ». Naturellement sous la protection des forces de l'Ordre, puisque la Préfecture a ordonné d'encadrer la noble manifestation et permis la montée sur le Tapis Rouge, avec la participation exceptionnelle des trois grâces de la LFI, Mathilde Panot, Danielle Obono et Raquel Garido, afin de mieux clamer leur désarroi et leur immense chagrin pour un homme tendre, affable et si attentionné.

7

L'histoire, hélas, se répète et se renouvelle. À quelques jours de la commémoration de la décapitation de Samuel Paty, les menaces physiques ou verbales à l'encontre des professeurs d'histoire ont continué à augmenter entre le 16 octobre 2020 jusqu'à aujourd'hui malgré le légendaire slogan : "Plus jamais ça !", aussi creux et inefficace que : "Vous n'aurez pas ma haine !" Rien qu'en septembre 2022, le ministère de l'Education nationale à recensé plus de 300 atteintes à la laïcité, naturellement passées sous silence.

Celle parue le 23 septembre 2022 au lycée Antoine Bourdelle de Montauban fut commentée, car ce jour-là, l'élève réprimandée par sa professeure d'espagnol pour porter une abaya, une robe typiquement musulmane, filmait le mélodrame. Dans la vidéo diffusée sur le réseau *Tik Tok*, on la voit et on entend très bien sa menace : « *Elle va voir ce qu'Allah va lui faire* ». C'est le 11 novembre, le jour de l'hommage aux victimes de la guerre de 14-18 et du reniement de Macron en permettant à 234 migrants illégaux en provenance d'Afrique de débarquer à Toulon, que le journal *Le Parisien* rapporte que l'enseignante "observée" par une puissance divine et le lycée Antoine Bourdelle sont placés sous protection policière.

Si rabâcher le mot *laïcité* à longueur de journées n'a aucun effet concluant, pourquoi continuer à l'utiliser s'il est trop restrictif. À moins que le gouvernement l'utilise sciemment afin de mieux noyer les véritables atteintes que la France subit, si elles étaient divulguées. Ne les laissons pas s'échapper ! Elles abondent. La perte de notre identité, de notre culture, de nos mœurs, de nos traditions entraîneront tout bonnement un changement de civilisation. Il s'opérera automatiquement par la loi du grand nombre, tôt ou tard. Les allocations familiales et l'arrivée massive de migrants, les prochains bénéficiaires de la prime de Noël, y contribuent.

Comment ne pas être heurté par le contenu abject de la lettre non signée du 10 octobre 2022, publiée sur les réseaux sociaux, adressée au proviseur du lycée Georges Brassens d'Évry et authentifiée par une source de la police ? Nous lisons, horrifiés, la menace de mort adressé à un enseignant : « Votre professeur monsieur (sic), le sale juif doit arrêter de faire le malin. On va lui faire une ˝Samuel Paty˝ à lui et à son père le vieux rabbin sioniste ». « Les juifs on en veut pas (sic) dans des lycées, restez dans vos synagogues. On va s'occuper de (ce professeur) à la sortie du lycée », poursuit le courrier. L'enseignant d'une trentaine d'années a été placé sous protection de la police. Le domicile du professeur est sous surveillance. Voilà la seule réponse du gouvernement. La même depuis fort longtemps sans aucun effet naturellement.

Que va devenir le professeur ?
Il vient à peine de commencer sa carrière. A-t-il encore les ressorts psychologiques pour dispenser un cours de qualité sans être tenaillé par des visages ennemies dans sa classe. Des faciès qui transpirent la haine. Peut-il encore vraiment faire confiance à un gouvernement qui s'agenouille constamment devant des gens qui, chaque jour, imposent davantage leurs règles. Le 30 mars 2023, ils demandent, durant le ramadan, la possibilité d'obtenir une courte interruption pendant les matches de foot du soir afin de permettre de boire. Comme cela se pratique en Angleterre et en Allemagne. Une faveur refusée fermement par la FFF : « Ces interruptions ne respectent pas les dispositions des Statuts de la FFF. » Eric Borghini, président de la Commission fédérale des arbitres, se justifie dans les colonnes de *L'Équipe* : « Sans alimenter une polémique stérile les joueurs ont tout loisir de s'hydrater à l'occasion des remplacements ou des soins que reçoivent les partenaires ». À force de tolérance, comme la suppression du porc dans de nombreuses cantines, craignons la prochaine exigence de la religion de l'amour et de l'ouverture.

Français ! Êtes-vous aveugles ? Ne voyez-vous pas le parallèle avec Hitler ? La loi d'avril 1933 exclut les Juifs de la fonction publique.

Qui avait réagi ? Qui avait sévi ?

Quand le même tyran s'empare de l'Autriche et du territoire des Sudètes en 1938.

Qui s'était élevé ? Qui avait réprimandé ?

Et celui du lycée Scheurer-Kestner de Thann le mardi 12 octobre ?

Dans le cadre d'un cours sur la laïcité, une élève s'accroche verbalement avec l'enseignant qui aborde les caricatures de Mahomet, *Charlie Hebdo* et la liberté d'expression. Rentrée chez elle, l'adolescente de 15 ans se plaint auprès d'un oncle qui se rend au lycée en fin d'après-midi. Il prend à partie le professeur devant témoins, en évoquant à demi-mots Samuel Paty, égorgé le 16 octobre 2020. Des propos considérés comme une menace de mort à peine voilée. Selon une source proche de l'enquête, la famille de la jeune fille serait connue pour son intégrisme religieux. Macron, plus silencieux qu'un moine Trappiste, marche sur les pas de Hollande et de Sarkozy. Il tergiverse, il s'aplatit. Alors que deux ans après la décapitation de Samuel Paty, les menaces s'amplifient.

Encore un parallèle avec Daladier à son retour de Munich en 1938.

Avec une différence énorme toutefois. Pour Macron, le représentant officiel de l'Union Européenne, « Les cons ! », ce sont les gens lucides qui s'opposent au port du voile à l'école et dans les établissements ou transports publics. N'oubliez jamais la réponse de Macron à une femme voilée le 12 avril 2022 : "Vous *êtes féministe et vous portez le voile. C'est la meilleure des réponses aux bêtises que j'entends.*"

En fait, le sulfureux stratagème se trame sournoisement depuis bien longtemps. Dès les années 1990, des professeurs dénonçaient le danger des élèves au cerveau endoctriné par les frères islamistes qui prêchaient les pensées les plus morbides dans des banlieues de Paris. Mal leurs ont pris. Ils ont été condamnés par la justice et les médias dominants. Ne soyons donc pas étonnés si nous basculons, deux décennies plus tard, dans l'horreur absolu : la décapitation de Samuel Paty.

La décapitation du professeur d'histoire est devenue la référence pour les assassins adeptes de la religion qui prêche la haine du juif, de l'homosexuel, du mécréant, de l'athée, des chrétiens. La religion qui détraque les crânes déjà endommagés par des coutumes et des traditions différentes des nôtres, au point de réduire la femme à un simple objet sexuel. Ces Français de papier ne considèrent pas ce crime abject mais libérateur. Dès le lendemain, dans plusieurs endroits de France où fleurit sans contrôle une communauté musulmane, des voix indignées s'élevaient : « Samuel Paty a offensé le prophète. »

Il y a une similitude avec les SA (« Sturm Abteilung » / « Section d'Assaut »), une organisation paramilitaire du parti nazi créée par Hitler en 1924 et l'islam. Les musulmans intégristes sont fiers d'arborer des vêtements de conquête pour bien marquer leur territoire en France. Les SA, à partir de 1925, se distinguaient aussi en portant des chemises brunes pour bien s'opposer aux autres. D'abord, les socialistes-communistes, avant de se ruer dès 1933, contre les Juifs avec une férocité effroyable.

Dénoncer le nazi-islamisme est donc fondé.

***

Ce que subit Stéphane Didier, le professeur d'histoire de Cognac dès décembre 2020 renforce mon analyse. Dans sa clase, un môme de 6ᵉ trouvait normal la mort de Samuel Paty : « Il a insulté le prophète ! » dit-il spontanément puisqu'à cet âge, on a surtout des idées préconçues. Il est difficile de se forger soi-même des convictions religieuses ou politiques. Ces croyances d'un autre siècle avalées sans chercher à comprendre, il les a entendues auprès de ses parents ou des proches de sa famille qui évoluent dans un milieu ou vit une majorité de musulmans favorables à la primauté de la loi de l'islam avec les encouragements de Macron, fier de glorifier le port du voile.

Stéphane Didier, professeur dans un collège situé dans un quartier sensible – il y a de nombreux fichés S -, a reçu des menaces à caractères islamistes de la part d'une mère d'élève. Elle lui a fait comprendre qu'il pourrait subir le même sort que Samuel Paty. OUI ! Deux mois seulement après qu'une tête décapitée par un Tchéchène avait roulé sur le trottoir. Pauvre France ! Elle a vite tourné la page pour passer à un autre fait divers.

Cet incident survint le 16 décembre 2020 suite à la commémoration de Samuel Paty. Stéphane Didier demandait à sa classe de 3ᵉ de rédiger un devoir sur les persécutions vis-à-vis de la communauté juive allemande sous le 3ᵉ Reich. Une élève de religion musulmane refuse de répondre. Elle décroche un 0 sur 20. C'est le début d'un engrenage. Stéphane Didier est prévenu par un de ses collègues, un professeur d'histoire, que l'élève musulmane répand dans tout le collège qu'il est raciste et qu'il a tenu des propos islamophobes.

La mère demande une entrevue. Elle est reçue dans la salle des professeurs, où deux professeurs s'y trouvaient. Ils ont donc tout entendu. La mère l'accuse. Le ton monte de la part de la mère incapable de se contrôler. Elle pointe son index vengeur dans la direction du professeur et hurle : « *Sachez ce qui est arrivé à Samuel Paty.* » Pendant que le professeur, en état de choc, prend du recul, la mère est reçue par le Chef d'Établissement. Incroyable ! Ceci est contraire au règlement. Il aurait dû faire venir les deux parties. Stéphane Didier rédige un rapport complet au Rectorat et dépose une plainte à la Police. Le Chef d'Établissement, sans la moindre empathie pour son professeur, lui rappela uniquement: « de bien vouloir lui envoyer son arrêt de travail. » Stéphane Didier n'a jamais pu lire le rapport de son Chef d'Établissement. La seule chose qu'il obtint, c'est la protection fonctionnelle, c'est-à-dire une prise en charge d'une partie des frais d'avocats.

Le Rectorat tout comme la Police ont peu réagi. Quant à Macron, je n'ai pas souvenir de sa part d'une annonce solennelle dans les télés. Le deuxième témoin, un autre professeur, fut entendu seulement quelques mois plus tard. Le Chef d'Établissement voulait éviter à tout prix les ˮvaguesˮ pour des raisons diverses d'après des professeurs qui n'ont aucun lien. L'une d'elles ? Ce serait gênant pour sa promotion. Alors que

Stéphane Didier, à l'instar de Didier Lemaire, le professeur de philosophie à Trappes, la ville charnelle pour Macron et la LFI, où plus un Juif n'y vit, voulait simplement bien faire son métier. L'incompris ou le trop clairvoyant n'a pas été soutenu par sa hiérarchie, aussi molle et veule que celle de l'encadrement du lycée professionnel du Val d'Oise dans les années 80. C'est dire que le mal est profond.

La demoiselle de 3ᵉ qui n'a pas été exclue, pavane, tandis que les islamistes continuent à marquer leurs empreintes. Dans les territoires conquis, même pas de haute lutte, les professeurs font leurs cours, la peur au ventre. Par craintes de représailles, ils préfèrent se censurer, fermer les yeux à la vue de nouveaux uniformes codifiées par la religion de la tolérance. Maintenant, ils savent qu'il ne faut surtout pas trop compter sur la hiérarchie, conscients, aujourd'hui, que des élèves ne sont pas leurs seuls ennemis. Leurs collègues hideux d'Extrême Gauche, les complices de l'islamo-fascisme, les surveillent.

Je vous recommande la vidéo sur *Europe1* du 06/03/2022 afin de mieux ressentir l'existence bouleversée de Stéphane Didier. Il conclut sa discussion avec l'affirmation d'Aristide Briand :

La loi protège la foi aussi longtemps que la foi ne dicte pas la loi.

De nouveau, il existe une similitude entre Macron et Pétain, adoubé par les deux Assemblées. Il est devenu très rapidement le vassal d'Hitler. Il mit à la disposition des vainqueurs nos juristes avides de dépouiller les Juifs, et la police qui obéit plus qu'elle ne réfléchit pour organiser leur déportation. Sans que cela gène les États-Unis dans un premier temps, business oblige, Pétain offrit aux ˝boches˝ toute notre infrastructure industrielle et agricole pour armer et nourrir des soldats allemands gonflés à bloc et assoiffés de gloire et de sang pour continuer leurs carnages jusqu'à Moscou. Macron met à la disposition des musulmans des juristes compétents pour ne pas condamner fermement les meurtres des Sarah Halimi, Alban Gervaise, Samuel Paty, le Bataclan… Pire ! Il encourage le rapatriement de toutes les femmes musulmanes terroristes de Syrie ou d'Irak en France.

Macron ne manifeste aucune désapprobation, les médias du pouvoir non plus, sur l'agrément donné, en septembre 2022, par l'École normale supérieure de Lyon (ENS) à l'association musulmane (AMENS) de l'ENS Lyon.

Pas étonnant ! Macron a toujours insisté sur les bienfaits du port du voile. S'y opposer c'est proférer des « *bêtises* ».

Au-delà de l'atteinte manifeste à la laïcité, le deux poids et deux mesures m'indispose. En effet, si l'aumônerie catholique se voit refuser l'accès à l'établissement depuis 2020, date de la prise de la mairie par EELV - ce qui se conçoit aisément si on respecte la loi de 1905 -, il est inadmissible de faire une courbette pour une religion qui n'a pas ses racines en France, à la différence du catholicisme depuis 1 500 ans.

Lors du forum des associations de l'ENS Lyon qui se tint début octobre, sur le stand de l'AMENS, on trouvait des livres ouvertement salafistes, un courant extrêmement radical de l'islam. Une religion intolérante, « *de haine et de frustration* » pour l'avocat Richard Malka, réducteur envers la femme, de surcroît, et qui veut nous imposer ses codes réactionnaires.

De quoi faire sursauter Isabelle Surply, conseillère régionale ex-RN d'Auvergne-Rhône-Alpes. Cette association se veut « *culturelle* ». Elle serait en réalité « cultuelle ».

Le 31 octobre 2022, Isabelle Surply envoie un message sur Twitter. Elle est fière d'avoir contribué à l'exclusion de l'AMENS de l'ENS Lyon.

Toute personne attachée à la laïcité devrait la féliciter.

À quand la prochaine étape ! La dissolution de l'AMENS auprès de la Préfecture du Rhône.

***

En ce samedi matin 15 octobre, au square Samuel Paty dans le 5ᵉ arrondissement de Paris, le parti Reconquête prit l'initiative d'organiser un hommage national à Samuel Paty. Les Français, à force d'empiler des faits divers, oublient que c'est au nom de l'islam qu'il fut décapité. Les professeurs sont priés de faire le minimum sur la mort de Samuel Paty.

La manifestation est destinée également à soutenir des enseignants inquiets, désemparés et, surtout, abandonnés par l'institution, du proviseur jusqu'au ministre de l'Éducation nationale. Aujourd'hui, ils subissent fréquemment la présence du mal bien réelle par les vexations, les menaces, les représailles, jusqu'au port de vêtements islamistes, une mode pour les aveugles ou des fabricants heureux de trouver de nouvelles sources de profit. Chaque jour qui passe est une victoire pour les partisans de l'islam qui mènent une guerre d'usure afin de nous soumettre à leurs codes. Ils ont le temps grâce à notre générosité. La réunion est donc nécessaire pour la sauvegarde de nos libertés. Car si nous n'avons plus le droit d'affronter nos arguments par le verbe, méfions-nous de la violence qui peut se retourner au détriment du peuple à nouveau couillonné. La manifestation, un évènement capital pour la sauvegarde de nos valeurs, aurait dû attirer un bien plus grand nombre de personnes qui refusent de se plier aux règles du hallal dans les lieux publics, nos cantines et à l'école.

Une force maléfique déjà dénoncée par Voltaire dans une de ses pièces : *Le Fanatisme ou Mahomet le Prophète*. Dans quel lycée pourrions-nous jouer aujourd'hui l'œuvre de Voltaire qui inspira l'avocat Richard Malka de *Charlie Hebdo* lors du procès face aux sept juges composant la cour d'assises spéciale. « *L'islam ! Voilà les causes de la terreur qui a tué 130 personnes le 13 novembre à Paris, 86 le 14 juillet à Nice et des millions d'autres humains depuis des siècles. L'islam c'est l'accusé qui ne comparaîtra jamais, celui qui transforme des hommes ordinaires en criminels monstrueux. Il faut le désigner et le regarder en face : il s'appelle Religion, c'est mon accusé* ».

Les autres religions ont également commis des méfaits meurtriers.
Cependant, constatons que depuis la fin de la seconde guerre mondiale, ce ne sont plus elles qui sèment la terreur en France. L'islam est aujourd'hui l'idéologie fanatique par excellence qui « arme les bras et les cœurs ». L'islam et les wokistes ont deux points communs : ils veulent revisiter l'Histoire, ils veulent faire table rase du passé. Le premier soumet l'être humain à ses règles, à la rigueur le considère comme un dhimmi, tandis que le second fait surgir un homme déconstruit.

La manifestation, parfaitement légale, ne prêche ni la haine ni l'exclusion. Pourtant, Manu Militari l'instrumentalise insidieusement en criant à la récupération politique. Le nouveau *Big Brother* veut réduire au silence notre exigence pour le respect de nos lois, de nos traditions, de nos mœurs, de notre culture, de la sauvegarde de notre souveraineté et de notre identité. Macron surveille jalousement le peuple et le mate. Bien secondé par une cohorte de courtisans serviles reconnaissants de percevoir un salaire équivalent au minimum à au moins trois fois le SMIC grâce aux subventions de l'État pour griffonner des pages d'endoctrinement. Que n'écriraient-ils pas pour remercier Monsieur tactile de leurs assurer la pitance quotidienne, largement supérieure à celle d'une assistante à l'enfance, excepté pour Jean-Christophe Combe, ministre des Solidarités. Il confond un tiers du SMIC à un SMIC pour soutenir le 28 octobre 2022, à l'Assemblée nationale, qu'une assistante à l'enfance, peut gagner jusqu'à 3 900 euros net si elle s'occupe de trois enfants.

Quelle bassesse de propager les menaces déplacées de Macron surtout après le rapport accablant communiqué fin août 2022 par le CIPDR, le Comité interministériel de prévention de la délinquance et de la radicalisation qui accuse la « *mouvance islamiste* » de remettre « *en cause le principe de la laïcité à l'école* » en s'appuyant sur les réseaux sociaux. Ou de celui du Service culturel des renseignements territoriaux (SCRT) qui note le 13 octobre 2022 « *une multiplication des atteintes à la laïcité en milieu scolaire. C'est le signe de la banalisation de l'islam fondamentaliste par des jeunes générations de fidèles* ». « *Des incidents sont notamment signalés dans la Drôme, la Haute-Garonne et le Var* ». Une vingtaine de jeunes filles font pression sur des enseignants à Montauban pour le « *droit au port du voile* ».

Des faits similaires sont répertoriés jusque dans des villes petites ou moyennes, Agen, Noyon ou Joué-Lès-Tours. L'étendue de la menace islamiste, en plus des prières, concerne aussi tous les vêtements islamiques, par exemple, les jupes longues dites abayas, portées par des adolescentes.

En octobre, le ministère de l'Éducation nationale dénonçait 313 incidents d'atteintes à la laïcité dans les écoles.

Le 9 novembre, il en publie 720 en octobre, soit plus du double rien qu'en un mois.

Détruire ce qui était l'originalité de notre enseignement, la séparation de l'Église et de l'État, voilà leur obsession. Avec le concours bruyant et brutal de la Nupès et celui sournois et hideux de la Macronie.

Je partage sincèrement le chagrin de la sœur de Samuel Paty. Il s'estompera difficilement au fil du temps sans jamais disparaître définitivement. Cependant je pense qu'elle fait fausse route en s'opposant à la manifestation. Si vraiment elle s'oppose. Son remarquable discours fait à la Sorbonne pour rendre hommage à son frère, démontre le contraire. Mickaëlla Paty « *dédie ce discours à toutes les personnes mortes, blessées, torturées, incarcérées dans le monde pour avoir osé s'exprimer. Je le fais pour faire comprendre qu'on ne met un "oui, mais" après le mot décapitation. En France, on met un point* ». D'ailleurs, n'avait-elle pas ajouté : « *Tant que rien ne change, c'est que rien n'est fait.* » Vous avez raison. Aussi, si votre remarque réaliste ne doit pas passer aux oubliettes, il est nécessaire d'organiser un tel hommage afin que vos paroles ne s'envolent pas une semaine plus tard. Le rôle d'un politicien, censé représenter les gens qui l'ont élu, est de défendre votre frère, sa mémoire et les motifs qui le poussaient à enseigner. Hélas, votre frère qui voulait seulement expliquer et non se taire fut le premier à subir un double châtiment : le tueur islamiste et la lâcheté du gouvernement. Il est la référence pour les islamistes. Les professeurs courageux le paient chers également.

Les « *oui, mais* » peuvent être différents.

Il y a le « *oui, mais* » il ne faut pas offenser une religion. Ah bon, depuis quand ? Il y a une vieille tradition en France d'humour anticlérical, pourquoi donc faudrait-il faire une exception pour l'islam ?

Il y a le « *oui, mais* » pas d'amalgames. Il ne faut pas stigmatiser les musulmans. Certes il y a chez eux ceux qui vivent normalement leur religion dans un cadre privé, et ceux qui relèvent de l'islamisme politique. Ne rien dire est faire le jeu des seconds.

Il y a le « *oui, mais* » victimaire : il faudrait prendre en compte la situation sociale. Mais il y a bien des pauvres, en France, et ailleurs, qui ne deviennent pas des terroristes.

Enfin il y a le « *oui, mais* » parlons d'autre chose. Celui de la manif du dimanche 16 octobre 2022 organisée par le LFI qui n'a pas eu un mot pour Samuel Paty. Quelle surprise.

De grâce, ne tombez pas dans le traquenard tendu par Macron et ses sbires. Avec la complaisance des médias qui remplissent des pages alarmistes et travesties pour faire diversion afin de masquer les échecs successifs du calamiteux et ses renoncements à ses promesses électorales. Cependant Macron n'est pas le seul à avoir trahi les Français en rompant le pacte de sécurité. Sarkozy et Hollande ont calé pour défendre la laïcité, en plus d'avoir bradé la souveraineté de la France.

En ce jour solennel, spécialement après la menace le 10 octobre contre le professeur d'histoire du collège Georges Brassens d'Évry, la photo de Samuel Paty placardée sur chaque fronton des Établissements scolaires et universitaires, avec un slogan choc pour rappeler les véritables valeurs de la République aurait été la bienvenue.

Hélas, la peur de faire des vagues a pris le dessus comme à son habitude. La France n'a pas vocation à devenir un nouvel Iran ou une France Algérienne où le juif et le chrétien deviendront des dhimmis, tandis que l'athée et l'homosexuel, une « anomalie de la nature », ont de grandes chances d'être éradiqués.

Parmi les fidèles de la religion qui prétend répandre la Lumière, existerait-t-il l'équivalent d'un Thomas Édison afin de la rendre moins obscurantiste ?

Le 6 avril 2023, la famille de Samuel Paty ne veut plus être associée au « Fonds Marianne », un fonds de lutte contre le séparatisme lancé par Marlène Schiappa en avril 2021, en réaction à l'assassinat de Samuel Paty, un an plus tôt, suite aux révélations sur l'argent évaporé à cause d'une gestion opaque et douteuse. Ces fonds auraient permis à dénigrer des opposants à Emmanuel Macron lors de la campagne présidentielle, dont

Anne Hidalgo, la maire de Paris qui a décidé de porter plainte, puis à celles des législatives. Marlène Schiappa se défend de toutes accusations. Pour mémoire, Marlène Schiappa jouit d'une mauvaise réputation. Sa réponse pour soutenir la loi contre la polygamie est sidérante : « *On ne va pas interdire les plans à trois.* »

Et la vidéo du 8 décembre 2021 où elle fait la fête au ministère de l'Intérieur avec des influenceuses!

***

Boris Venon ! Que pensez-vous du tweet de la LFI Mathilde Panot du 22 octobre 2022 depuis la mairie de Stains, une ville très majoritairement musulmane. Le conseil municipal presqu'entièrement musulman donne le nom de la femme de Mahomet à une rue de la ville. « Soutien plein et entier à mon ami et camarade Azzedine Taïbi et toute l'équipe municipale. La France n'est ni une langue. Ni une religion. Ni une couleur de peau. La France c'est la devise : Liberté, Égalité, Fraternité. »

Boris Venon ! Vous n'êtes pas troublé d'avoir voté pour des gens qui piétinent l'article 2 de la Constitution de la Cinquième République :

« La langue de la République est le Français.

L'emblème national est le drapeau tricolore, bleu, blanc, rouge.

L'hymne national est la Marseillaise.

La devise de la République est : Liberté, Égalité, Fraternité.

Son principe est : Gouvernement du peuple, par le peuple et pour le peuple. »

Mathilde Panot qui vénère plus le drapeau rouge avec le marteau et la faucille que notre emblème national partage-t-elle l'opinion des instigateurs de la loi de 1905 ?

« *Les religions ne doivent pas s'afficher dans les sphères publiques.* »

Apprécie-t-elle Aristide Briand ?

« *La loi protège la foi aussi longtemps que la foi ne dicte pas la loi.* »

Sa conception sur : Liberté, Égalité, Fraternité, relève d'un état cérébral passablement agité. En plus de nier 1 500 ans de présence catholique en France qui ont façonné le pays, et de constamment ridiculiser et mettre au ban le catholicisme, une religion envahissante dans leur cerveau étriqué, alors qu'elle respecte les principes de laïcité, elle encense et se prosterne devant l'islam, la religion qui prescrit les comportements sociaux à respecter scrupuleusement au quotidien et qui refusera, un jour prochain, de lui serrer la main et l'ordonnera de se vêtir correctement.

Le 14 avril 2023, Azzedine Taïbi, le grand ami de Mathilde Panot et soutien de Mélenchon, est accusé de harcèlement sexuel et d'agression sur un jeune homme. (*Le Parisien*)

Le 9 décembre 2022, quelques médias nous révèlent l'étude très pessimiste de l'IFOP. 52% des enseignants se censurent lorsqu'il est question d'aborder des sujets liés à la religion. Un chiffre qui monte à 65% dans les zones d'éducation prioritaire. Un autre chiffre pointe que 77% des professeurs estiment que le ministère de l'Éducation n'a pas tiré d'enseignement de la mort de Samuel Paty et se désolent de « la manière qu'a l'institution de gérer ces faits ». Avec de tels scores, plus personne ne peut nier que la France est en déclin. Surtout quand le jour même, Didier Lemaire, professeur de philosophie lui aussi menacé de mort, « exfiltré » l'an dernier après vingt ans d'enseignement dans la ville de Trappes avec deux de ses collègues « faute de soutien de l'administration », le confirme. La nécessité d'organiser tous les ans un hommage à Samuel Paty n'est donc point de la récupération politique mais un appel pour la sauvegarde de notre liberté. Ainsi le remarquable discours de la sœur de Samuel Paty fait à la Sorbonne pour lui rendre un hommage aura un impact encore plus retentissant pour l'avenir de nos enfants.

Les conséquences des attentats djihadistes de 2015-2016 ont incité le gouvernement à concevoir le Musée-Mémorial du Terrorisme comme un lieu de mémoire et d'histoire pour comprendre la violence de guerre en temps de paix qui a marqué la société française et d'autres pays depuis 1970. Cependant, son inauguration dérange. Les caricatures de *Charlie Hebdo* ne sont pas les bienvenues. Au nom de l'exigence liée à la sécurité, la reculade est bien la preuve de la conquête victorieuse des islamistes qui fracassent tous les obstacles pour répandre leur emprise par la menace et la terreur, même dans un musée. Pour cette abdication de la présence des caricatures de *Charlie Hebdo*, le musée n'a plus aucune raison légitime d'exister. Sinon, ne soyez pas étonnés si la religion qui prône le partage et la tolérance vous demande prochainement une exception : ˝Fermeture temporaire pour cause de Ramadan à partir du 22 mars 2023˝, avec la compréhension de plusieurs personnes politiques ou médiatiques.

Didier Digard, l'entraineur de l'OGC Nice, s'est-il converti au Macronisme ? S'il se souvient que la France est un pays laïc, il note que l'Angleterre est plus tolérante. À ce rythme, l'islam nous imposera en 2045 l'étendue de sa clémence et de son ouverture d'esprit qui occasionne déjà tant de bienfaits aux femmes en Iran, en Pakistan, voire dans d'autres pays où l'islam prédomine pour le plus grand désespoir de Marlène Schiappa qui a ouvert les yeux bien tardivement.

La vamp est dorénavant interdite d'apparaître dans le magazine *Play Boy* en tenue légère, comme celui d'avril 2023.

***

Mardi 22 février 2023, au lycée privé Saint-Thomas d'Aquin à Saint-Jean-de-Luz (Pyrénées Atlantique) une élève présente dans la classe déclare qu'un garçon de 16 ans a planté un grand coup de couteau dans la poitrine de la professeure d'espagnol d'une manière ˝très calme.˝ Il a agi ˝sans rien dire˝ au moment des faits. Une version qui diffère légèrement des premières informations. L'agresseur souffrirait de troubles psychiatriques et aurait affirmé « être possédé » après son passage à l'acte qui a mortellement poignardé la femme âgée de 52 ans.

Lamentable Pap N'Diaye, ministre de l'Éducation nationale attristé par ce décès. Non ! Monsieur N'Diaye, Tom dont le prénom est rapidement diffusé par tous les médias, mais dont on ignore tout sur lui et sa famille, a bien commis un meurtre. L'assassinat n'aurait aucune relation avec toutes celles commises au nom de l'islam. Il est donc mal venu de le placer sur le même niveau que celui de Samuel Paty. Même si pour les familles de la professeure d'Espagnol le résultat est identique. Elles resteront marquées douloureusement à vie.

Une pensée émue à son compagnon. En effectuant les premiers pas de danse en hésitant puis avec élégance, bientôt rejoint par d'autres, il exprima avec grâce et tendresse toute l'affection qu'il portait à sa bien aimée.

Elle devait vraiment aimer les gens, vivre harmonieusement, danser, communiquer, chanter, espérer un monde fraternel.

Le 5 avril 2023, des élèves entrent armés au collège Maurice Jaubert de l'Ariane, à l'est de Nice, un établissement scolaire classé en REP, réseau d'éducation prioritaire et, pendant ce temps, à Champigny-sur-Marne, durant le mois du ramadan, le voisinage est excédé par les sourates nocturnes des musulmans qui ont pris possession d'un endroit public avec la˝bénédiction˝ du maire LR.

Qu'en pensent les Libres Penseurs qui veulent déboulonner la statue de l'archange Saint-Michel aux Sables d'Olonne en Vendée, au nom de la laïcité, car la religion ne doit pas se manifester et s'imposer dans un domaine public ?

Également, que pensent les Libres Penseurs de la célébration de la prière de l'Aïd le vendredi 21 avril au Palais Nikaïa de Nice, une salle de spectacles?

8

LOLA

La manifestation de samedi 15 octobre 2022 en faveur de Samuel Paty relayée par quelques réseaux sociaux et journaux, a eu au moins le mérite de découvrir la condition inhumaine d'exercice du métier de professeurs. La liberté d'expression, surtout pour ceux qui ont la malchance d'enseigner dans les zones sensibles où les problèmes de cohabitations se posent avec plus d'acuité, se paie parfois très chère. Il devient difficile d'enterrer les incidents devenus quotidiens tant le bien vivre ensemble bat sérieusement de l'aile.

En ce jour grisâtre, nous ignorions encore la découverte morbide d'une collégienne retrouvée morte dans une malle le vendredi soir 14 octobre 2022 dans le 19ᵉ arrondissement de Paris.

Le gouvernement et les grands médias conciliants sont trop préoccupés à discréditer la manifestation du 15 octobre en prétextant sans vergogne une récupération politique d'un parti extrémiste de surcroît.

Allons donc ! Que des gens désireux de défendre la laïcité dans les établissements scolaires s'écartent de la ligne de la pensée unique, celle de la pensée du bien, d'emblée Macron et La Nupès taxent ceux qui cogitent mal ˮd'extrémistes de Droite.ˮ

À quoi a servi le combat contre le terrorisme politique communiste et nazi qui terrifiait tant les parents qu'ils préféraient se taire de peur d'être dénoncés par leurs enfants si, aujourd'hui, nous reproduisons les mêmes travers.

Le lendemain, les Français, hébétés, apprennent la terrible nouvelle par internet dans un premier temps. Ils restent atterrés, interdits en imaginant que ça aurait pu être leur enfant, « *Mon enfant* ! » qu'importe la couleur de la peau ou de la religion. À ce moment, sans arrières pensées politiques, tous les parents sont unis dans la même angoisse.

Puis on apprend, sans trop de précisions, que la petite demoiselle, âgée de 12 ans, aurait été tuée avant d'être placée dans la malle. La France est sonnée. Les parents, apeurés, expriment la même incompréhension et frayeur : « *Ça aurait pu être notre enfant* ».

Dans les réseaux sociaux, où le bon se mélange avec le pire, certains parlent sans preuves. Il serait question de trafic d'organes.

Immédiatement, on constate chez les médias à la solde du gouvernement une forme de gêne, voire de pudeur. Ils mentionnent les faits sans trop s'appesantir.

En effet, dès que les parents avaient signalé la disparition de leur fille en fin d'après-midi, des voisins se sont activés ainsi que la police qui aperçoit une jeune femme sur les caméras de surveillance de l'immeuble où résidait la jeune fille. Un témoin aurait également signalé à la police la présence suspecte de cette femme car cette dernière aurait sollicité son aide contre rémunération pour déplacer une malle volumineuse. La police, qui a donc vu le visage de la personne qui aurait kidnappé la jeune fille, craint de suite un malheur.

Hélas ! Après 23 heures, la calamitée est confirmée. Elle découvre le corps d'une jeune fille et l'identifie. Lola a subi de nombreux sévices à la vue des plaies relevées sur ses épaules et sur son dos, ainsi que des traces de coups sur le visage. Le peuple, ignorant la triste réalité, est sous le choc. « *Ça aurait pu être notre enfant* ».

France 3 Paris Ile de France, au courant de la vidéosurveillance, nous cacherait-elle des révélations trop dérangeantes ?

Le journaliste, s'il précise l'âge de la femme mise en examen, 24 ans, et la date de naissance de ses trois complices, est peu fouineur en faisant l'impasse sur leurs lieux de naissance. Étrange cette passivité !

Le Monde développe immédiatement des circonstances atténuantes : « La personne arrêtée, une SDF, aurait subi des violences du temps de sa jeunesse. » Comme les salariés de ce journal connaîtraient bien la présumée meurtrière alors que des policiers, complètement retournés après avoir retrouvé la petite Lola, ont besoin de l'assistance de psychologues. Que peut vraiment cacher ce média trop orienté dès le début de l'enquête afin de contrebalancer une affaire qui parait si pénible en faisant de la présumée criminelle une potentielle victime. Un journaliste n'est pas un avocat payé pour « soutenir qu'il n'existe pas de monstres, seulement des hommes et des gens moins bons. » Le larbin du journal *Le Monde* a-t-il peur de dénoncer un véritable scandale qui frapperait le sommet du gouvernement. Hubert Beuve-Méry, le fondateur du *Monde,* un des rares reporters à avoir alerté de son vivant des dangers du nazisme, serait choqué. Pour ce professionnel intègre, il ne faut pas travestir la vérité, l'enfouir ou la modifier. Pour lui qui avait combattu la dictature des pays communistes et du nazisme, plus tard, celles de Castro, de Pol Pot, de Pinochet ou des colonels grecs, il n'y a aucun arrangement avec la vérité, sinon la malhonnêteté supplante l'information.

Heureusement, des personnes au cœur de la tragédie sûrement sidérées par une telle omerta laissent fuiter. Les réseaux sociaux, les premiers à s'en emparer, donnent plus de précisions. D'abord, nous apprenons qu'ils sont nés en Algérie, puis nous découvrons l'identité des quatre "suspects." Nous connaissons leurs prénoms et la première consonne de leurs noms de famille. Mettons vite les choses au point. Tous les Algériens ne sont pas des voleurs, des chauffards qui refusent d'obtempérer, des violeurs, des tueurs. Mais force est de reconnaître qu'une grande partie de personnes qui remplissent nos prisons sont des Algériens ou des délinquants d'origine algérienne. Y compris la troisième génération. L'Algérie a voulu son indépendance, qu'elle assume. L'immigration, dans 70% de cas, un pourcentage confirmé par le préfet Lallemand, seraient également la cause de nos malheurs. À Paris, le constat accablant, un délit sur deux est commis par un étranger souvent en situation irrégulière, n'est pas contredit par le ministre de l'Intérieur

Darmanin qui admet même un lien direct entre une immigration massive et l'insécurité galopante. Il reconnait aussi dans *Le Figaro* d'août 2022 que 55% des délinquants interpellés à Marseille sont des étrangers. En fait, si nous tenons compte également de Français issus de l'immigration africaine ou maghrébine, ce sont deux tiers des crimes. Avec quelques années de retard, Darmanin dresse finalement le même constat désolant qu'Eric Zemmour. Dans vingt ans, il nous avouera que la condamnation de Zemmour était purement politique. Pour cette raison, même si je milite pour un casier judiciaire vierge si on veut devenir un élu du peuple, il y a lieu de faire la différence entre une personne qui écrit la vérité et des violeurs d'enfants, ou d'adultes, ou de la loi, et des spécialistes d'évasions fiscales, et des vendeurs de drogues et de bien d'autres magouilles ou larcins impardonnables et condamnables.

À partir de ce moment, la machine s'emballe. Beaucoup remarquent une singularité dans l'horreur absolue, l'accumulation des mêmes profils qui nourrit la colère de quarante ans de mensonges et de manipulations. Depuis ces dix dernières années, il devient impossible de les canaliser tant elles débordent. L'addition de faits tragiques tels les rodéos urbains, les refus d'obtempérer, les vols, les violences, les viols, dus principalement par des étrangers provenant d'Afrique ou du Moyen Orient ou par des Français de papier, provoque une rage comprimée et retenue tant la douleur et l'incompréhension sont profondes auprès d'une grande partie de la population française. Le courroux, mêlé à un effroi et une nausée, se décuple à la lecture des explications de l'Algérienne durant sa garde à vue : "*Je l'ai attrapée par les cheveux, j'ai mis sa tête entre mes jambes… J'ai eu un orgasme*", poursuit-elle, avant de reconnaître lui "*avoir scotchée le visage.*" Sans doute l'instant même où Lola décèdera par asphyxie.

Lola, âgée de 12 ans seulement, fut torturée, violée et massacrée. Une barbarie au-delà de l'entendement.

Le 18 octobre 2022, Eric Dupond-Moretti, fier d'avoir défendu le frère de Mohamed Mérah, réduit le drame : « *La principale suspecte de l'affaire*

Lola a été victime, semble-t-il, de violences ». Honte ! La barbarie n'a pas d'excuses. Toutefois, ne soyons pas surpris, l'avocat a toujours défendu ses clients, non en cherchant à équilibrer la balance d'une manière digne, mais en utilisant un vice de forme afin de mieux camoufler la monstruosité des gens qu'il représente. Faisons attention à ne pas prendre trop à la légère le chiffre du récent sondage qui confirme le lien entre immigration et insécurité - 72% de Français trouvent qu'il y a trop d'immigrés en France -, car des personnes exacerbées pourraient commettre l'irréparable en appliquant elles-mêmes la justice. Une foule excédée devient vite incontrôlable.

Rares sont les députés, à l'image de Dupont-Aignan, qui dénoncent le « silence abject de Macron ». Que peut-il bien nous cacher ?

Si Macron se manifeste à deux reprises, c'est en se défaussant. Nous sommes loin du slogan qu'il affichait avec un esprit constructif dans la quête d'un premier quinquennat en début 2017 : *La vigueur et la dignité d'une vie publique.*

Tweeter sur la répression de la manifestation des Algériens à Paris, en octobre 1961 en travestissant la vérité est plus essentiel pour lui que s'émouvoir sur le calvaire subi par Lola : « À Paris, il y a 61 ans, la répression d'une manifestation d'indépendantistes Algériens faisait des centaines de blessés et des dizaines de morts. Des crimes inexcusables pour la République. La France n'oublie pas les victimes. La vérité est le seul chemin pour un avenir partagé. » Inimaginable de déformer l'histoire à ce point. Macron le menteur est aussi falsificateur que les communistes depuis le lancement du premier plan quinquennal en 1928. Du 17 au 21 octobre 1961, il y eut sept morts, dont deux seulement peuvent être imputés aux forces de la police.

Féliciter Benzema le 17 octobre pour son ballon d'Or est prioritaire par rapport au chagrin de l'entourage de Lola.

Quel manque de respect et de pitié à l'égard de la famille de Lola. Son cœur ne serait-il compassionnel que pour le FLN, les assassins de tant de pieds-noirs et de harkis qui, bien avant leurs prises du pouvoir en 1962, donnaient la priorité à Allah, ou pour Karim Benzema qui crachait pendant la Marseillaise, et bien sec pour une adorable petite gamine, peut-être trop blanche, trop blonde, aux yeux bleus de surcroît.

Tous, de la première Ministre jusqu'aux secrétaires d'État, ils ont, à l'image de Macron, le cœur dur comme la pierre, en panne de sensibilité pour la famille de Lola. Par lâcheté ou par interdiction de dénoncer publiquement la barbarie commise par l'Algérienne, il prie Madame Macron d'apporter son soutien. Ce n'est pas à Brigitte de parler au nom de la France, même si son hommage exprimé avec tristesse et émotion fut à la hauteur de l'évènement sordide. Le témoignage au nom de la France incombe au Président et non à son ex-professeure de Lettres, une mère de famille attentionnée envers ses enfants.

Si la victime et la criminelle correspondaient à une image différente, Macron l'incapable et le gouvernement auraient-ils eu le même battement de cœur que François Hollande pour Théo et sa famille de délinquants en contacts fréquent avec la Justice. Ou le renégat Castaner posant un genou à terre pour rendre un hommage à l'Américain Georges Floyd.
Eux ! Ils ont le bon profil.

Malgré une exaspération palpable, le peuple horrifié demeure digne, même suite aux révélations ironiques de *Tik Tok*. Le profil de l'étudiante Algérienne à qui son visa ne fut pas renouvelé, est bien différent de la pauvre SDF que les médias de Macron essaient de nous faire gober. L'assassin présumé donne l'impression de vivre dans le luxe et la démesure.

Désolé Madame Hidalgo! Malgré une exacerbation compréhensible, avez-vous vu le peuple déchainé saccager une mosquée ou se ruer contre les musulmans comme la horde sauvage en juin 2014 qui brisait des commerces appartenant à des Juifs ou commettait un pogrom à Sarcelles. Un musulman a-t-il été forcé à se coucher par terre pour être craché, lapidé, frappé, quelquefois à mort. Madame Hidalgo ! N'êtes-vous pas gênée d'avoir comparé durant votre médiocre campagne présidentielle la situation des musulmans en France à celle des juifs en 1940. En octobre

2022, en France, les musulmans ignorent la signification de *Nuit de Cristal* à la différence des juifs, en Allemagne, en novembre 1938. Elle tinte encore dans le cœur de toute personne ayant un minimum de sensibilité, d'honneur et de fraternité.

À l'Assemblée nationale, des députés du RN et du LR dénoncent les multiples causes du drame qui pouvaient être évité, dont les OQTF (obligation de quitter le territoire Français), non appliquées. Les députés de La Nupès se taisent. Si les alliés idiots de Macron sortent de leur léthargie, c'est pour entendre l'hystérique Sandrine Rousseau et la perfide Mathilde Panot débiter une énormité pour la première : « Le francocide n'existe pas », ou la litanie habituelle pour la seconde : « Les fachistes en France qui font de la récupération sur la mort de Lola ». Voilà le seul moment où le cœur sensible de la gauche humaniste vibra fortement à la mémoire de Lola.

Le gouvernement qui a failli et déshonoré la République continue à se défausser de ses responsabilités. Il fuit le débat pour répéter la même rengaine que la semaine dernière : « Récupération ! Halte au fascisme ! » Avec le supplément mitonné par un Expert : ˮrespect et dignité.ˮ Que ne ferait-il pas pour dissimuler son incompétence, sa soumission et ses multiples arrangements avec des gens aux mœurs et aux coutumes différentes des nôtres. Aucun responsable de l'opposition n'accuse l'État d'avoir tué Lola. Mais il est tout aussi logique de pointer avec gravité les responsabilités ou les avalanches de manquements de l'État car si l'OQTF avait été exécutée, la petite Lola serait encore en vie.

Darmanin sonne la charge. « Il y a beaucoup d'indécence de la part de personnes qui transforment cette histoire en tract électoral ». Quel mépris pour Lola. Écrire ˮhistoireˮ à la place de mots plus adaptés : horreur, viol, meurtre… *c'est petit !* S'exclamerait Christian Estrosi à propos d'un opposant qui l'avait critiqué. Darmanin refuse d'affronter la cruelle réalité. La gorge de Lola aurait été ensuite tranchée en profondeur. Le droit français n'ayant pas été correctement respecté, sa responsabilité est engagée. Comment peut-on voter pour un manipulateur dédaigneux qui tente de gommer la vérité.

Dupond-Moretti reste égal à lui-même. Embarrassé au début par la question parfaitement légitime du député Eric Peuget, il réplique avec sa morve légendaire et un ton de voix méprisant : « Faire de la politique, de la petite poloche, le commerce indigne de la démagogie, se servir du cercueil d'une gamine de 12 ans comme on se sert d'un marchepied, c'est une honte. » Monsieur Dupond-Moretti ! La honte, c'est vous, le déshonneur, c'est encore vous, la lâcheté, c'est toujours vous, l'outrage, c'est éternellement vous. Quelques mois auparavant le peuple a eu un minimum de lucidité pour qu'il ne devienne pas député. Il serait temps qu'il en ait un maximum.

Elizabeth Borne, de retour d'Algérie où elle s'est bien allongée avec plus de raideur qu'une geisha, retrouve son côté pète-sec et fuyard. Elle botte en touche à la question également légitime posée d'une manière courtoise par la députée Marine le Pen : « Un peu de décence Madame Le Pen. » Quelle bassesse de la part de la dédaigneuse Madame Borne. Aussi bien pour les Français que pour Marine Le Pen. Que je sache ! L'Assemblée nationale est le lieu où le débat politique doit permettre de poser toutes les questions, mêmes celles qui fâchent : « Que faisait cette criminelle en France ? » L'Assemblée nationale est le lieu où l'on doit confronter nos idées par le verbe, aussi vigoureux soit-il, et non par les armes. Voulez-vous vraiment une guerre civile ? Pourquoi faites-vous le jeu de La Nupès, en particulier de LFI. De plus, vos amis de la Gauche avaient-ils demandé un délai de décence pour Aylan ou Adama Traoré ?

Olivier Véran le trotskiste affirme : « Quiconque souhaite s'affranchir de la dignité trahirait la promesse de l'ordre républicain. » Il est satisfait d'avoir le soutien des élus de La Nupès soudainement respectables puisqu'ils se calfeutrent. Ce même Véran qui effectue un salto arrière pour annoncer le 23 octobre le maintien de l'objectif de 100% d'exécution des OQTF. C'est vilain de mentir une seconde fois. Macron n'est pas parvenu à exécuter les OQTF malgré ses promesses électorales.

De 13,14% en 2020, déjà nulle, les OQTF sont tombées à 5,7% entre janvier et juillet 2021 et à 0,2% vers l'Algérie. Tous les médias ont relayé bêtement, sans chercher à analyser ou critiquer l'esprit tortueux de Véran. Pour lui, OQTF signifie : Obligation de Quêter sur le Territoire Français. Olivier Véran a-t-il été trop marqué par les trois ou quatre vaccins Pfizer ?

Ce carré d'incompétents détourne les questions essentielles en criant à l'instrumentalisation. Les quatre, déjà incapables de faire appliquer correctement le Droit, incarnent la honte. Le crime de Lola, c'est le résultat de leur politique laxiste sous la férule de Macron, à force de castrer la police et de protéger les tueurs et les terroristes.

Le 21 octobre, soit sept jours après l'effroyable découverte, Emmanuel Macron réagit enfin. À la différence de Dupond-Moretti le hargneux, étincelant dans ses habits flamboyants du mensonge et de la vindicte, le discours piètre et mièvre du bradeur d'Alsthom et de Fessenheim sonne de plus en plus faux lorsqu'il a le toupet de prétendre que la famille est digne dans le deuil : « *La famille a besoin du respect et de l'affection de la nation.* »

Quelle hypocrisie ! Penser à la petite Lola du parlement de Bruxelles, une assemblée de technocrates non élue par le peuple qui, comme Macron, ne vise que la destruction de la France en favorisant le port du voile et l'immigration massive d'où provient la maudite Algérienne qui a tué Lola !

Les révélations de Christelle Gervaise sur Facebook du 5 septembre 2022 permettent d'imaginer les pressions sur la famille de Lola. La veuve du militaire égorgée à Marseille aux cris de ˮAllah Akbarˮ, rétablit les faits: « *Elle n'avait jamais refusé la médiatisation de la mort de son mari, père de trois enfants.* C'est pourtant ce qui avait été dit et répété par la hiérarchie militaire d'Alban Gervaise. À l'époque, déjà, quiconque en parlait se retrouvait accusé de « récupération ». La veuve espérait ce que chaque famille doit probablement souhaiter devant pareil drame : « *Toute la vérité… tant sur les circonstances que sur le mobile.* »

L'enterrement de la petite Lola le lundi 24 octobre à peine achevé, le meurtre de Justine par son voisin Lucas, le présumé tortionnaire, fait la une d'une manière très retentissante. Les médias, très prolifiques pour relater les souffrances de la jeune dame qui laisse un enfant de deux ans sans mère et, qui sait, sans père, ne cherchent aucune excuse à ce crime odieux. Aucune circonstance atténuante n'est acceptable, la souffrance pour les familles des victimes est la même que l'immonde assassin soit Français ou étranger. Dans ce cas, que les médias traitent l'information avec la même objectivité pour Dahbia, la criminelle Algérienne. Elle aussi ne mérite aucune indulgence, spécialement quand *BFMTV* relaie le 27 octobre une information en provenance de Suisse. Dans la scène filmée par un tiers, Dahbia Benkired, la criminelle présumée de Lola, a agressé deux secrétaires d'un cabinet médical, en juillet 2019, dans le Nord de Paris, après avoir refusé de payer des soins. Une des deux victimes aurait souffert d'ecchymoses à la suite de l'altercation. Les deux maltraitées avaient déposé une main courante à la police le 31 juillet 2019, car « Dahbia Benkired aurait exercé des représailles contre elles. » En 2019, que faisait Dahbia Benkired sur le sol français si son visa étudiant n'avait pas été renouvelé. Le 5 novembre le *Figaro* complète l'interrogatoire de la criminelle Algérienne : « *J'ai abusé un peu, histoire d'avoir mon plaisir et point barre.* »

Ainsi, contrairement à la question déloyale posée par la journaliste Léa Salamé à Marion Maréchal, vice-présidente de Reconquête, dénoncer ce crime et l'incurie de ce gouvernement ce n'est pas « *surfer sur la mort de Lola avant qu'elle ne soit enterrée.* » Léa Salamé ! La honte, posez-la à Darmanin, Macron et les autres à l'indignation sélective. Cette fois-ci, elle est doublement impardonnable.

Leur renoncement n'est pas étonnant. Dès leur prise du pouvoir en 2017, ils ont montré leurs limites, leur impuissance. La première tâche d'un État fort, c'est d'assurer la sécurité des Français; ils en sont incapables. Ceci est confirmé chaque année. L'explosion de délits, de viols, de violences en 2022 s'accélère en ce premier trimestre 2023. Les médias s'efforcent de les commenter avec parcimonie quitte à divulguer des balivernes ou à *torpiller* des opposants en déformant leurs propos. Monsieur Darmanin ! Vous êtes coupable de ne pas avoir protégé Lola. Ne cherchez aucune excuse comme la difficulté d'appliquer les OQTF car ˝Notre droit est trop complexe.˝Il y a trop de recours : 12.˝ Si nous ne sommes plus maîtres de notre destinée, voici encore une bonne raison de s'affranchir de l'UE.

Olivier Véran, prétendu homme de Gauche, cessez de dialoguer sur la nécessité d'un État de droit. Si votre gouvernement avait appliqué une justice identique pour tous, miséreux ou puissants, selon les vœux pieux de Jean Jaurès, le papa impulsif demeurant à Roanne, emporté à juste raison suite à l'agression sexuel sur sa fille de 6 ans par un Guinéen, un migrant venu illégalement en France, n'aurait peut-être pas fait lui-même justice.

***

Le discours bancal de Macron, à peine achevé, est démoli par la réalité. Dans la nuit du 22 octobre, à Marseille dans le 15ᵉ arrondissement, vers 2 heures du matin, la BAC interpelle un Algérien sous le coup de deux OQTF entrain de violer une femme après l'avoir tabassée.

Quelques heures plus tard, vers 11 heures, dans la rue Amboise Paré à Créteil, un Algérien de 23 ans, Kamel R. visé par une OQTF depuis le 13 octobre, agresse sexuellement une jeune magistrate de 26 ans du tribunal judiciaire de Créteil, et essaie de lui ôter ses vêtements aux cris de « Je vais les violer », après avoir attaqué deux autres femmes qui ont réussi à s'enfuir. Les magistrats prendront-ils enfin conscience du péril qui menace la France afin que Kamel R. la sangsue de Créteil, le collectionneur d'OQTF et abonné du tribunal judiciaire de Créteil, ne s'agrippe pas sauvagement à d'autres magistrates.

Le jour même, un Algérien, armé d'un couteau, menace l'imam Chalghoumi dans la mosquée de Drancy, tandis qu'à Saint-Etienne, un certain Oussama A. connu des services de police et faisant l'objet d'une OQTF, muni d'un couteau, fait l'apologie du terrorisme en hurlant « Allah Akbar ».

Ces faits récents prouvent concrètement que l'affection de la Nation évoquée par Macron à la famille de Lola, ne sont que des mots arrangés. Il ne peut y avoir une profondeur d'âme pour les croyants ou de compassion pour les autres. Le mal, tout le monde l'a plus ou moins en soi. Il est très difficile de le supprimer. Des gens, heureusement pour la plupart, sont capables de le contenir, d'autres non. Raison de plus de refuser celui des autres qui n'ont pas grandi sur notre sol. La France ne peut pas soigner tous les maux du monde. Il y a une limite dans notre principe d'universalité. Le dernier recensement dans les transports en Île de France l'atteste. 70% des vols, dont 70% sont des victimes françaises, proviennent d'étrangers, et 62% des violences, dont 82% sont encore des victimes françaises, sont toujours causés par les étrangers.

À ces statistiques qui ne peuvent être taxées de Fake News, on ne mentionne pas les enfants issus de l'immigration des quarante dernières années, différentes de celle des Européens ou des Vietnamiens. Celle de la Seine-Saint-Denis, par exemple, « très violente, au point de provoquer une participation », de l'affirmation même de l'ex-Président François Hollande.

Le 22 octobre 2022, où sont-ils les Omar Sy, Yannick Noah, Eric Cantona… Anne Rounanoff, Hugues Auffray, Nicolas Duvauchelle… et tant d'autres artistes et sportifs qui s'affichaient dans *Libération* pour Théo ? Nos actrices se sont-elles fait filmer entrain de se faire égorger en poussant des cris d'horreur afin de bien montrer la bestialité de l'Algérienne en situation irrégulière ? Pour la mémoire de Lola, ils sont tous muets. Leur silence est indécent. L'émotion suscitée par l'assassinat de la jeune Lola est donc légitime et ne doit pas nous faire taire. Au contraire, c'est lui rendre justice que de pointer l'incurie qui a rendu le drame possible. Questionner nos responsables est un devoir et non de la « récupération ».

Le 22 octobre, un hommage en l'honneur de Lola dans le respect et la dignité fut rendu dans 80 villes de France, malgré la pression des médias et du gouvernement qui prétendait qu'on accablait la famille de Lola.

À Nice, durant les douze minutes de silence qui emplissaient le lieu avec respect et gravité, soudainement, une femme cria : « Macron assassin ! » Par chance, une personne a immédiatement coupé court à sa litanie : « *Madame ! Respectez le souhait des organisateurs ! Ne faites pas le jeu de BFMTV Nice.* » A-t-il été trop expéditif vis-à-vis de la dame outrée par tant d'injustice ? Au moins, l'effet fut immédiat. Les micros ne se sont pas dirigés vers elle pour dénaturer l'hommage solennel. Le silence souhaité des organisateurs reprit ses droits, certainement pour le grand désespoir de quelques médias.

Même *Nice-Matin* admit que l'hommage, très émouvant, fut d'une grande sobriété. Cependant, le journaliste fait une entorse grave à sa profession. Il diminue la dimension du recueil et son retentissement en nous réduisant à 150 *hors la loi*, alors que nous étions près de 800 personnes courageuses à avoir bravé le diktat de Macron. Questionnez les journalistes de *BFM Nice* et *M6 Nice* avec qui je m'étais entretenu ! Eux chiffraient au moins 600 participants. Les autres médias locaux, y compris *France Bleu Azur* ou *FR3 Côte d'Azur* qui suivaient assidûment la marche blanche de l'ange Zied, un parangon de bonté et de vertu, au casier judiciaire bien épais, qui refusait d'obtempérer en septembre, brillaient par leur absence.

Ce mardi 22 novembre, à Nice, à l'intersection entre les avenues Jean Médecin et Thiers, tout près de la gare SNCF, un individu d'une vingtaine d'années, frappé d'une OQTF, a tailladé le visage d'un jeune étudiant de 18 ans pour lui voler un collier. Monsieur Darmanin, le truqueur de la vérité ! Que faisait l'Algérien sur le territoire ? Il serait connu pour des faits de vol aggravé et de vol à la tire. Il aurait même été arrêté, avec deux complices, cet été, pour vol et séquestration de personnes âgées dans le quartier Fabron, mais remis en liberté. Le 29 novembre, *Nice-Matin* nous informe : Raid Harzi a été condamné pour un acte de grande brutalité : trois ans de prison avec mandat de dépôt. Il était sous le coup d'une OQTF datant du mois d'août. Pour une fois, *Nice-Matin* étoffe ses écrits. L'étudiant confie au tribunal qu'il « a vécu dans le 93. Là-bas, il se sentait de moins en moins en sécurité, mais il ne lui est jamais rien arrivé. » Sa joue gauche et sa gorge présentent une balafre de 11 centimètres de long. Il apparaît en état de sidération. Il n'imaginait pas une seconde que ce 22 novembre il avait en face de lui un individu si dangereux. « *Je portais ma chaîne de baptême sur mon tee-shirt. Il a voulu me la prendre. J'ai résisté. Il m'a porté un coup de cutter.* » En fait de cutter, il s'agissait d'une lame de bistouri qui peut s'ajuster sur un manche en plastique. Cutter ou lame de bistouri, l'Algérien était prêt à tuer. Comment analyser la plaidoirie de l'avocate de la victime « *Il faudra évaluer le préjudice esthétique par rapport à la cicatrice, ainsi que le préjudice moral et psychologique.*»

Qui va payer la provision de 2 000 euros plus les préjudices si l'assassin sous OQTF n'est pas solvable. Si l'étudiant avait succombé face à cet individu dangereux, également sous OQTF, le plus scandaleux et le plus sectaire pour Macron, Borne, Darmanin et Dupond-Moretti serait-il toujours de dénoncer le nouveau fait grave qui gangrène toute la France, même à Nice, la ville où on ne se sent pas autant en insécurité que dans le 93, mais où les conséquences sont parfois pire.

6 février 2023. Le journal *Le Figaro* relate une affaire sordide survenue le 3 février à Cenon (Gironde). Un individu de 49 ans a essayé de violer une adolescente de 13 ans. La collégienne marchait dans la rue lorsqu'un homme « *l'a fait chuter avant de la tirer par les cheveux en lui passant la main dans le pantalon* ». Alors qu'elle se débattait, selon les affirmations de Frédérique Porterie, procureur de la République de Bordeaux, il a tenté de la forcer à lui faire une fellation, avant de l'étrangler. Grâce à l'intervention d'un garçon de son âge, la victime a pu prendre la fuite et des témoins ont encerclé le suspect jusqu'à l'arrivée sur place des forces de l'ordre. Ce personnage violent avait déjà été condamné à onze reprises par le passé. Il venait de purger une peine de réclusion criminelle prononcée en 2012 pour des faits de violences volontaires ayant entrainé la mort sans intention de la donner. Né en Algérie, le repris de justice, fumeur de cannabis et bénéficiaire du RSA, a fait preuve d'un comportement agressif en mordant deux policiers avant d'en frapper un troisième pendant sa garde à vue. Il a nié les faits et prétendu « *ne se souvenir de rien* ».

Le lendemain, à Paris, un malentendant fut violemment pris à parti par un groupe de jeunes pour son téléphone. Deux clandestins mineurs algériens furent interpellés.

9

Première partie

3 novembre 2022 Rififi à l'Assemblée nationale

Depuis les Législatives, une déception pour les LREM, les médias rongent leurs freins. Tout ce que je viens de décrire reflète le vrai visage du pays. Une France meurtrie où l'écart entre le très riche qui se gave – pas le travailleur à 3 600 euros nets - et celui qui survit se creuse. Une France menacée par des populations qui refusent d'accepter nos codes. Une France où des professeurs d'Histoire s'autocensurent par crainte de se faire égorger. Une France où la liberté de la Presse et de l'expression sont de plus en plus contrôlées. Une France où une très grande majorité de journalistes sont justes bons à envoyer mécaniquement des anathèmes contre un parti ou des individus.

Un vrai journaliste, tout en marquant une distance, enquête et refuse de devenir le complice de n'importe quel pouvoir dévoyé en place.

Puisque de peur de perdre leur place ils évitent de froisser les élus ˝soudoyés˝ de la LREM et ceux ˝totalitaires˝ de la Nupès en posant les questions embarrassantes, autant les remplacer par des robots.

Avec un tel esprit frileux on saisit mieux la passivité des Français, voire leur côté lâche durant l'épisode Covid. Rares sont ceux qui ont dénoncé la dictature du passe sanitaire. Pas un jour ne défile pour constater à quel point le gouvernement se discrédite davantage avec la complicité de La Nupès, le fidèle et précieux allié de Macron. Les deux partis coquins enragent de ne pas avoir trouvé un angle d'attaque efficace pour contrer des députés RN costumes/tailleurs au langage feutré, bien plus présentables et raisonnables que les vulgaires braillards de La Nupès, souvent incultes de surcroît, bons pour jacter des propos orduriers ou montrer des doigts un clitoris. Sandrine Rousseau, la classe ! La réponse de Madame Borne à Marine Le Pen au sujet de l'affaire Lola afin de mieux botter en touche : « Un peu de décence Madame Le Pen » a fait Pschitt. Elle a révélé, en fait, le mépris de la caste dirigeante et le peu d'empathie pour Lola et sa famille.

Pour autant, Marine Le Pen a-t-elle réussi à dédiaboliser son parti et à le rendre plus respectable après son exclusion par Mitterrand plus de trente ans auparavant ? Elle s'y efforce quitte à rogner sur les principes d'une France souveraine et anti-migrants afin de ne pas trop déplaire à l'Union Européenne. En ce sens, ceci n'engage que moi-même, son parti reste une petite affaire familiale plus attachée à leurs intérêts personnels plutôt qu'à ceux de la Nation.

Macron, Borne et Mélenchon n'ont toujours pas digéré du bon coup que leurs a joué Marine Le Pen, même si elle ne prit aucun risque. Le LR Eric Ciotti est conscient qu'organiser de nouvelles élections à l'heure actuelle causeraient la mort inéluctable de son parti déjà bien moribond. Dans l'ombre, les plumes mensongères de journalistes patientent, prêts à bondir et à saigner au moindre signal si, à l'Assemblée nationale, Marine Le Pen *crache* quelque chose de ̋grandiose. ̋

Depuis la fin octobre, le gouvernement est sur les nerfs. La prochaine tuile causerait des dégâts considérables bien plus dommageables que les 49-3 à répétitions. Celle-ci risque de provoquer la déflagration de la majorité relative.

Alors, d'après des sources officieuses, Macron, Borne, Darmanin et Yaël Braun-Pivet se réuniraient en secret et fomenteraient un complot. Lequel ? D'après la fuite, Madame Borne, la première Ministre, doit absolument éviter de répondre à la question gênante d'un député LFI.

Le 3 novembre 2022, à l'Assemblée nationale, lors des questions au gouvernement, Carlos Martens Bilongo, député de La France Insoumise, interroge le gouvernement sur la situation des migrants en mer Méditerranée. Il est tourmenté par le sort d'un bateau de SOS Méditerranée, « Les personnes secourues se trouvent dans une urgence absolue. Les prévisions météo indiquent une détérioration significative du climat »... Une voix sonore brise distinctement son immense inquiétude : « **Qu'il (s) retourne (nt) en Afrique !** »

Surpris dans un premier temps, Martens Bilongo lui répond sans avoir l'air choqué : « Pas du tout ! » Le député LFI, muet pendant quinze secondes, la Présidente de l'Assemblée qui a bien retenu la leçon se redresse subrepticement et vole à son secours.

La Bayard des temps modernes fixe son regard inquisiteur vers les bancs où siègent respectueusement depuis juin les RN puis, dans un silence complet, avec un ton de voix menaçant, la chevalière *sans peur et sans reproche* pose la question qui va parasiter l'Assemblée : « *Quel est le député qui vient de prononcer cette phrase ?* » Alors qu'il suffisait de lui pointer : « *S'il vous plait ! Ayez la courtoisie de ne pas interrompre Monsieur Martens Bilongo* ». Elle poursuit l'entreprise de démolition en prenant un ton de circonstances complètement inapproprié par rapport à la broutille : « *L'évènement grave qui vient de se produire nous oblige à interrompre la séance.* » Quel évènement grave ? Dire qu'on n'accepte pas un bateau transportant des clandestins illégaux serait-il plus dommageable que le salut nazi de Rémy Rebeyrotte, le député de la Renaissance ? Après un nouvel arrêt afin que les caméras filment bien le pseudo cataclysme, elle discrédite davantage les fondements du parlementarisme en annonçant d'une voix lapidaire: « *Demain nous définirons quelles sont les sanctions les plus sévères que nous appliquerons.* »

En sauvant la première Ministre Elisabeth Borne, Yaël Braun-Pivet a joué son rôle de saboteuse de la liberté d'expression à l'Assemblée à la perfection.

Toujours d'après la fuite, la réunion secrète avait prévu d'autres formes d'interventions pour faire diversion afin de masquer leurs échecs. Si un RN éternuait pendant le monologue larmoyant de Martens Bilongo, elle était prête à mordre : « *Qui a manqué de courtoisie pour Monsieur Martens Bilongo ?* » Si une RN remontait sa petite ou grosse culotte comme la pachyderme députée de la LFI (Facile à vérifier, ça circule en boucle), elle était choquée : « *Qui a manqué d'égard pour le prude Monsieur Martens Bilongo ? Le porno n'a pas sa place ici !* » Si un RN ronflait aussi bruyamment que Larcher le bâfreur, bien briefée par une comédienne largement rétribuée, elle explosait de rage en tapant des mains : « *Qui a manqué de dignité pour Monsieur Martens Bilongo* ?

Yaël a fait un travail d'orfèvre pour bien rouler dans la farine le RN. Au tour de la bande indisciplinée de Rachel Kéké, la LFI favorable à l'invasion massive de l'Afrique en France, de faire le ménage et de continuer le boulot destructeur avec sa légendaire marque de fabrique.

Du côté LFI, on s'agite et on vocifère au racisme en faisant semblant d'avoir entendu un « *Retourne en Afrique* ! » adressé au député. Ce qui pour le coup aurait été raciste. Tout le monde a bien compris qu'il mentionnait soit le bateau, soit les migrants - illégaux je précise-, et non le Député LFI, l'islamo-gauchiste. Il suffit d'écouter la vidéo ou de lire le texte retranscrit à l'Assemblée. Il parle bien d'un bateau.

La manipulation se met en marche à pas cadencés. On l'instrumentalise sous le coup de l'émotion construite sur un mensonge. Martens Bilongo est érigé en martyr de l'antiracisme par les LFI présents à l'Assemblée.

Le pauvre ! Se rend-il compte que lui aussi est manipulé ?

Les députés RN exceptés, tous les autres, présents dans l'hémicycle, demandent sa condamnation pour des propos jugés racistes. Ils dénoncent un dérapage raciste à l'endroit d'un élu coupable d'être noir de peau. Sylvain Maillard, le député Renaissance, exige la sanction la plus sévère. De sa part, ne soyons pas surpris.

Certes, sur le coup, avec la machination montée avec minutie, l'invective paraît sévère.

En fait, la riposte, maladroite et mal appropriée, manque de finesse.

Il a eu tort d'imiter les députés mal élevés de La Nupès qui interrompent ceux de l'opposition à tout bout de champ dans un chahut permanent. Ou des députés insolents et sans aucune empathie qui tiennent des propos à caractères déplacés envers Madame Borne dont un membre de sa famille fut déporté à Auschwitz. N'est-ce pas l'infâme députée LFI Mathilde Panot ? Sans que ça ne troublent Yaël Braun-Pivert, Macron l'insensible, encore moins les médias sourds et aveugles.

Oui ! Le viticulteur Grégoire de Fournas a surtout manqué de sens politique. S'il ne l'avait pas interrompu sèchement, Carlos Martens Bilongo *bonifiait* ses pensées destructrices pour le plus grand plaisir de ses opposants.

Ainsi, pendant son temps autorisé de parole, de Fournas étayait mieux sa réponse pour justifier le droit fondamental de la France de ne pas vouloir être envahie par des migrants illégaux récupérés à la limite des eaux territoriales Libyennes dans un ballet silencieux mais efficace entre les ONG de secours en mer et les gangs de passeurs Libyens. Une supercherie d'autant plus grotesque que dans ces bateaux complices, il n'y a pas que des Africains. Il y a des migrants venus du Moyen-Orient et ceux en provenance de l'Asie islamique (Afghans, Iraniens, Pakistanais, Bangladais). Et sans révéler ses liaisons dangereuses avec des individus accusés de blanchiment et d'aide au terrorisme, d'après *Valeurs Actuelles*, il nous découvrait le brillant CV du tourmenté Martens Bilongo, peu inquiet quand la LFI s'affichait avec Jérémy Corbin l'antisémite :

- Ami de Nabil Koskossy, antisémite notoire, organisateur d'une manifestation pro-palestinienne qui a dégénéré en émeute antisémite et pogrom à Sarcelles en 2014. Des magasins appartenant à des Juifs ont été incendiés, les synagogues dévastées, le tout accompagnés de slogans antisémites. Tout ceci est confirmé par l'ancien maire et ex-député de Sarcelles, François Puponi.

- Soutien de l'Association Millî Görüs pilotée par le Président turc, qui vise à implanter l'islam politique en Europe. En France, dans leur grande majorité, les Turcs votent pour Erdogan, le Président qui soutenait Daesh.

- Soutien du tueur antisémite Salah Hamouri. Il est inculpé en 2005 en Israël pour avoir projeté de tuer le rabbin Ovadia Yossef.

- Reçoit le soutien en juin dernier de la mosquée de Villiers-le-Bel, dans laquelle officiait l'imam Luqman Haider, condamné à 18 mois de prison et à une interdiction définitive du territoire français pour apologie du terrorisme.

- Participe aux prières de rues.

- Apporte son soutien à des femmes voilées à qui il promet de faire respecter "leurs droits".

Puis, de Fournas concluait magistralement en révélant que « *La veille, le Luxembourg a pris la décision d'annuler tous les bus allant vers la France à partir de 18h30 pour cause de sécurité.* » Car les chauffeurs de bus du Luxembourg se font régulièrement agresser lorsqu'ils se trouvent en France. Enfin, il demandait à Darmanin, présent à l'Assemblée, si les fautifs de l'état réel de la France de plus en plus délabrée étaient encore des Anglais.

Au fait ! Martens Bilongo fut-il autant chagriné par le salut nazi de Rémy Rebeyrotte, le député Renaissance ?

Le fond de commerce antifasciste de LFI a-t-il mis la pression sur les médias afin qu'ils dénoncent le geste obscène de Rémy Rebeyrotte ?

La LFI transforme tout défenseur de la laïcité en dangereux réactionnaire au point d'interdire la venue d'Eric Zemmour à Villeurbanne, le 25 mars 2023, pour la dédicace de son dernier livre qui soutient une France souveraine, aussi bien économiquement que culturellement.

Le tout, dans un silence complice de Macron.

La manipulation grossière d'extrême gauche permet d'enclencher à la vitesse de l'éclair la répression dès la suspension de la séance. Le procès monté de toutes pièces en falsifiant la vérité et en instrumentalisant le mensonge contre le député RN fonctionne à fond deux heures plus tard. La LFI diabolique, en forçant Martens Bilongo à se faire passer pour le Noir de service qui a été humilié, a réussi à marteler l'interprétation qu'elle a décidé de fixer. Au tour des médias dociles d'y concourir avec Macron le méprisant et les membres du gouvernement à la rescousse. Le déchainement tourne en boucle même hors de France. On se fiche qu'en travestissant les faits et qu'en soutenant, consciemment ou non, la protection de l'illégalité avant celle de la liberté d'opinion des députés, une double faute grave vient d'être commise.

L'*AFP* nous alerte : « *Incidents racistes à l'Assemblée.* »

BFMTV reste égale à elle-même : « *L'Assemblée met fin à la séance des questions au Gouvernement après une interpellation raciste.* »

TF1 info, l'autre chaîne propagandiste : « *La stratégie de respectabilité du RN contrariée par les propos racistes **du député RN** Grégoire de Fournas.* »

Nice-Matin fait du zèle. "Qu'ils retournent en Afrique", "Qu'il retourne en Afrique". « *Une phrase raciste d'un député RN* » « *La présidente de l'Assemblée met fin à la séance après une interpellation raciste.* »

L'Humanité : Le journal fier de fraterniser avec les soldats allemands en 1940 anticipe les travers de l'intelligence artificielle. La simple remarque : « *Qu'il(s) retourne(nt) en Afrique !* » devient par un tour de passe-passe : « *Le masque du RN tombe à l'Assemblée.* »

Alors que le salut nazi de Rémy Rebeyrotte « *ça ne lui en a même pas touché une* », et qu'il n'avait pas "sursauté" en apprenant la gorge tranchée de Lola par une criminelle algérienne frappée d'une OQTF de surcroît, Macron est "heurté" par des "mots insupportables". Quelle indécence de sa part.

Elisabeth Borne renforce la supercherie : « *Les mots racistes n'ont pas leurs places à l'Assemblée.* » Madame Borne ! N'avez-vous pas honte ! Vous n'aviez demandé aucune sanction contre Mathilde Panot sur ses allusions déplacées de très mauvais goût.

Olivier Marleix, le Président du groupe des députés LR, tout comme de très nombreux députés s'illustrent négativement en participant à la curie. Eric Ciotti tombe aussi dans le piège tendu par la LFI : « *Je condamne avec fermeté les propos d'une extrême gravité tenus aujourd'hui par un député au sein de l'hémicycle de notre Assemblée. Scandaleux de la part d'un représentant de la république.* »

Monsieur Ciotti ! Il n'y avait aucun racisme dans les paroles du député RN. Vous vous êtes égaré gravement sauf si vous admettez que les migrants illégaux ont le droit et le devoir d'envahir la France. Dans ce cas, soyez cohérent avec vous-même, imitez Damien Abad et rejoignez la Macronie. Si aucune discussion, aucune réflexion n'est possible au sein de l'Assemblée nationale, ne soyez pas surpris si un jour prochain votre propre liberté d'opinion puisse être remise en cause.

Le 4 novembre 2022, l'Assemblée, le lieu où la liberté d'opinion a toute sa place, est discréditée. Bien que dans l'article 70 du règlement de l'Assemblée nationale, il soit stipulé : Discipline, Immunité et Déontologie, la commission de l'Assemblée admet qu'il ne fut relevé aucune faute ou insulte pouvant ˝abattre˝ juridiquement le député RN, il n'a jamais dit : « *Retourne en Afrique* ». Pourtant, il est puni pour des faits inexistants. Grégoire de Fournas est condamné pour tumulte. La condamnation directe et immédiate ne repose sur aucun fondement. On le déshonore non pour des propos jugés haineux ou injurieux mais pour un brouhaha, un trouble à l'ordre public. C'est une parodie de justice, le comble de l'hypocrisie, car le chahut a bien été provoqué par la LFI. La sanction totalement injustifiée permet à la tricherie de triompher.

Plus inquiétant encore ! Aucun média ne soulève que l'élu en mentionnant le bateau n'a rien dit ni rien fait de répréhensible ni ne s'excuse après avoir tant calomnié.

Madame la Présidente de l'Assemblée et la commission s'assoient sur l'article du Code Civil : « *Tout fait quelconque de l'homme qui cause à autrui un dommage oblige celui par la faute duquel il est arrivé à le réparer.* » Sa mission de ˝l'achever˝ à tout prix, est une réussite qui dépasse les espérances. Grégoire de Fournas écope de la sanction la plus grave. Le bureau national de l'Assemblée l'exclut pour 15 jours.

Que le député RN refuse de s'excuser, c'est compréhensif.

Les journaux persistent dans le déni, le mensonge et la falsification.

Même *Le Figaro* du 04/11/2022, au lieu d'écrire l'exactitude des faits, concourt dans le déséquilibre malsain de l'information pour commenter la sanction inique en reprenant le gros titre ˝Qu'il retourne en Afrique !˝ sans préciser que ça ne concernait que le bateau. Le journal communique très subjectivement la décision de l'Assemblée : « *Sanction maximale pour le député du RN. Nombre d'élus dénoncent un dérapage raciste à l'endroit d'un élu noir de peau.* » Affligeant de la part du quotidien qui affiche en haut de sa première page la remarque de Beaumarchais : « Sans la liberté de blâmer, il n'est point d'éloge flatteur ». Prétendre combattre toute forme d'imposition de la pensée totalitaire unique pour rejoindre la désinformation pratiquée sans vergogne à *L'Obs*, *Libération* et d'autres médias à la solde de l'Islamo-gauchisme ou du progressisme mondialiste est douloureux pour toute personne qui appréciait la belle plume libre de Jean d'Ormesson. Nous imaginions un titre plus impartial :

« *Décision inique de l'Assemblée* ».

France Info, le 4 novembre, donne l'exemple type de la désinformation :

« *De Fournas, exclu 15 jours pour des propos racistes* ».

Plus Fake News, tu meurs, puisque que le député RN est exclu pour ˮchahutˮ. C'est ce même zélé *France Info* qui prétend le 17 novembre vouloir lutter contre la désinformation des Fake News qui pullulent depuis 2010 à cause des réseaux sociaux et qui « conduisent les gens à mal voter. »

Les médias Macronistes, les grands moralisateurs, ont la dent dure contre de Fournas. Le vendredi 18 novembre, ils sont plusieurs à signaler le dernier exploit du député RN, à l'instar de *Nice-Matin* : « Le déontologue de l'Assemblée nationale a épinglé hier Grégoire de Fournas pour ˮ*manquement déontologique*ˮ, après que l'élu RN a fait la promotion de son vin sur son compte Twitter de député. »

Bizarre ! Les médias n'ont pas tambouriné pour Madame Pascale Fontenel-Personne, la dynamique Présidente d'une entreprise de voyages touristiques ˮAccess Tour Le Mansˮ, devenue députée LREM de la Sarthe en 2017. Comme de Fournas, elle n'avait pas respecté le code de déontologie de l'hémicycle. « Les députés doivent s'abstenir d'utiliser les locaux ou les moyens de l'Assemblée nationale pour promouvoir des intérêts privés. » Faire de la pub à profusion sur la visite de l'Assemblée nationale en la facturant - des faits mis à jour par le journal *Marianne* - est plus qu'une étourderie. C'est une faute condamnable. Le site Access Tour Le Mans stipulait bien que « la députée elle-même accueillera les touristes agréablement installés dans un bus grand confort, et les guidera personnellement le 12 octobre et le 4 décembre 2017 » dans le lieu prestigieux où le mot *Loi* résonne de la manière la plus sacrée.

L'affaire de Fournas est la preuve que si le système décide d'écarter quelqu'un ou un parti, peu importe la raison ou la vérité, elle est secondaire, l'exécution suivra. Si la Macronie interdit le droit de débattre, avec le concours de son allié l'extrême gauche qui intimide ceux qui s'opposent à la submersion migratoire et l'aide des médias, le gouvernement conserve-t-il sa légitimité ? En s'engageant pour le droit des migrants illégaux contre la sécurité et l'identité des Français, Macron et son allié Mélenchon commettent une faute terrible. Ils portent une responsabilité énorme dans le cas où des Français refusent de respecter les institutions si ceux qui les administrent les bafouent.

Les choses peuvent vite dégénérer.

Monsieur Martens Bilongo ! Les racistes sont les députés de LFI qui ont eu la scabreuse idée de vous forcer à vous parjurer pour vous faire passer pour une prétendue victime. En devenant leurs complices, vous fracturez davantage la société française déjà mal en point. Voilà un point capital que les médias auraient dû décortiquer pour la grandeur de notre démocratie. Encore faudrait-il que les journalistes s'imposent un minimum d'honnêteté. Hélas ! Le système ayant décidé de court-circuiter le parti RN, l'exécution doit s'accomplir, quitte à avilir un élu noir en le forçant à jouer un rôle qui le marquera à vie quand les historiens expliqueront en toute impartialité la mascarade du 3 novembre 2022.

Car le jour même, il était déjà prouvé que le supplice enduré par le député était construit sur un mensonge.

Parmi, le peu d'élus présents à l'Assemblée, la majorité des députés du gouvernement, la Nupès et deux élus LR le condamnent. La Nupès exige son renvoi. Martens Bilongo est soulagé : « *J'ai toujours été convaincu que le groupe RN était raciste et ça se confirme.* » Une remarque incongrue alors que 80% de Français ne veulent plus d'immigration sauvage. Y a-t-il 80% de racistes en France ? Par contre Darmanin, en se joignant à La Nupès, se discrédite davantage le 4 novembre sur *BFMTV* et *RMC* : « *La question de* sa démission se pose », « Qu'il signe à une pétition du groupe Renaissance voulant son départ ». Ceci prouve bien la complicité de Macron dans le piège tendu avec la participation de la LFI.

Le grave incident survenu dans la soirée du jeudi 3 novembre 2022, soit à peine quelques heures après la tromperie scandaleuse, déconsidèrent davantage Macron, les LREM, La Nupès et une très grande majorité de LR. Alors qu'elle traversait le bois de Vincennes à Paris, pour rejoindre son domicile, une jeune élève policière de 19 ans a été victime d'une tentative d'enlèvement. L'individu a agrippé la jeune femme par les cheveux, tentant de l'emmener dans les bois. Elle s'est débattue avec vigueur tout en criant. Une attitude combative qui lui a permis d'échapper à l'emprise de son agresseur et de se refugier auprès de policiers.

Selon la description donnée, le sauvage présumé mesurait « environ 1m, 80 », et serait « probablement d'origine africaine, vêtu d'une chemise à carreaux, en possession d'une torche et d'un sac poubelle. » La demoiselle s'est ensuite rendue au commissariat de Vincennes pour rapporter l'agression. Lors de son audition par des policiers, la jeune femme « a fait une crise de panique » obligeant les pompiers à la conduire à l'hôpital. Pour l'heure, l'agresseur n'a pas pu être appréhendé par les forces de l'Ordre.

En accentuant, je le reconnais bien volontiers, un parallèle est possible entre le procès inique contre Grégoire de Fournas, monté de toutes pièces, et celui, atroce, contre Laszlo Rajk en juin 1949 en Hongrie.

Tous les chefs d'accusation reposent sur de fausses dénonciations, relatant de faux événements et donnant lieu à de faux aveux. Le régime communiste fait appel à de vrais écrivains, que l'on enferme dans les bureaux de la police où ils doivent écrire des scénarios entiers. Durant le procès, des haut-parleurs retransmettent à longueur de journée les débats du tribunal, dans les écoles, les universités, sur le lieu de travail, dans la rue, tandis que la radio et la presse consacrent d'innombrables moyens à cette affaire pour entretenir la haine de l'Occident et la suspicion de tous envers chacun. Le régime communiste était fragilisé en raison d'une crise économique et alimentaire. Il fut dans l'obligation de devenir plus qu'autoritaire. Les réfractaires sont purement et simplement jetés en prisons ; considérés comme de dangereux réactionnaires, la plupart d'entre eux sont condamnés à des peines de travail forcé dans les camps du goulag hongrois. Il le fut également en raison d'une dramatique crise de logement, due en partie aux destructions de la guerre. Les Juifs rescapés d'Auschwitz, sont expropriés une seconde fois, au nom de la nationalisation des biens capitalistes. Peu importe qu'il rentre à peine du camp de concentration. Entre 1948 et 1955 un million six-cent mille personnes passent devant les tribunaux, alors que le pays compte neuf millions d'habitants.

C'est sur un prétexte fallacieux que Macron et La Nupès veulent réduire au silence l'opposition qui les gêne.

Avec des Tribunaux aux ordres des Bilongo, Sandrine Rousseau… Fabien Roussel… Raquel Garido… Darmanin, Marleix…ce sera au tour de plus de treize millions de nos compatriotes d'être malmenés avec brutalité par des juges. Méfiez-vous de Mélenchon, d'Alice Coffin et d'autres. Ils raisonnent comme les Màtyàs Ràkosi, Ernö Gerö ou Gàbor Péter, le chef de la police secrète communiste de Hongrie durant la période lugubre pour le peuple hongrois entre 1946 et 1960.

Français ! C'est vraiment ça que vous voulez pour l'avenir de vos enfants ? Ne comptez plus sur le pouvoir de la Presse pour s'opposer au régime machiavélique de Macron avec le concours des communistes ou trotskistes ou lambertistes de La Nupès. Les chaînes de propagande, *France Inter* en tête de liste, et les journaux, *L'Obs, Libération* ou *Le Monde* se sont dévoyés. Y compris les soi-disant artistes comiques.

Le peuple va-t-il continuer à se laisser duper sans réagir ?

Dimanche 26 mars 2023, Yaël Braun-Pivet lit l'abominable lettre de menaces sur le plateau du Grand Jury *RTL/Le Figaro/LCI*, "*Salut la grosse truie juive*"… "*On n'a plus de Zyklon* (du nom de l'acide employé dans les chambres à gaz des camps d'extermination nazis) *hélas, mais des barres de fer pour éliminer cette saloperie de Jude* " (juive en allemand)… J'ai deux pages comme cela, dit-elle. Le courrier présenterait la même écriture que ceux reçus récemment par Aurore Bergé et Marie Lebec, deux élues des Yvelines du groupe Renaissance.

Je condamne fermement ces propos orduriers et antisémites.

Souhaitons que la police retrouve rapidement l'auteur ou les auteurs. Car si ce n'est pas un cas isolé les conséquences sont bien plus dangereuses. Pour autant, je déplore à nouveau le grand silence de Yaël Braun-Pivet face aux remarques plus que déplacées de Mathilde Panot la LFI envers Madame Borne et au salut nazi du Macronien Rémy Rebeyrotte. Et je suis offusqué pour sa conduite honteuse dans la ˮliquidationˮ de De Fournas. Même si le RN n'est pas ma tasse de thé, tout comme la LFI, le PC, le PS de Faure, EELV ou le Macronisme avec ses composantes dont le PS de Bernard Cazeneuve. À la différence du RN - pour combien de temps encore -, la France n'est plus pour eux une Nation libre et souveraine, soit pour des raisons idéologiques trotskistes, soit pour propager le wokisme, soit pour imposer une Europe mondialisée aux ordres des Etats-Unis et de l'oligarchie.

Deuxième partie

Les secouristes au service des passeurs,ˮles nouveaux esclavagistesˮ

Faisant suite à La Croix Rouge, à Amnesty International ou à Green Peace, trois ONG fondées, à l'origine pour servir l'humanité, SOS Méditerranée a été constituée le 9 mai 2015 sur la base de ces bons sentiments avant de se fourvoyer complètement. Au point que l'ONG estime que le droit international, le fruit d'une technocratie globalisée, d'une nomenclature normalisée, doit primer sur le droit national. La Nation, le Parlement, une assemblée élue par le peuple, la souveraineté d'un pays, ce sont des références devenues secondaires. L'État ringard, obsolète et égoïste ainsi que les engagements nationaux doivent être remplacés par la société civile à l'avant-garde des intérêts supérieurs de l'humanité et des engagements internationaux.

En février 2017, SOS Méditerranée percevait le label « grande cause nationale » des mains du premier Ministre socialiste Bernard Cazeneuve. Cela lui a permis de diffuser gratuitement ses campagnes de communication sur les ondes et antennes publiques. Son budget colossal de dix millions d'euros proviendrait de dons privés, d'entreprises et de subventions. Quatre vingt-trois collectivités territoriales, des grandes villes telles que Paris, Lyon, Grenoble, Bordeaux, Nantes ou encore Strasbourg, neuf départements, les régions Bretagne, Bourgogne, Centre-Val-de-Loire, l'Occitanie contribueraient à la bonne marche de l'ONG.

Il est judicieux de remarquer que c'est en général dans ces villes citées que les tensions sont les plus criards entre migrants et les Français de papiers d'origine d'Afrique avec le reste de la population. Lyon, par exemple, incapable de gérer les rodéos urbains et la délinquance au quartier de la Guillotière, s'apprête à voter le 10 novembre 2022 une subvention de quatorze mille euros. Paris, dont les dettes d'un milliard d'euros en 2011, grimpent à sept milliards en 2021, se félicite de voter chaque année depuis 2016 une subvention de cent mille euros à l'idéologie de SOS Méditerranée. Paris si endettée qu'Anne Hidalgo augmente les taxes foncières de 52% malgré ses engagements lors des municipales en 2020 : « Il n'y aura pas de hausse d'impôts, et je tiens toujours mes promesses » afin de continuer à verser cent mille euros au bateau taxi.

Qui se souvient des engagements de Macron, le grand distributeur d'argent qu'il ne dispose pas, tenus à l'ONU le 25 septembre 2018, pour la défense des Français ? Ce jour-là, il emploie les mots convaincants pour justifier son refus d'accueillir l'Aquarius en France. On a l'impression d'entendre le timbre particulier du Président De Gaulle expliquer avec beaucoup de convictions à Kennedy, en 1961, qu'il ̎veut une France forte. ̎ « *Je pense, j'en ai conscience, donner le sentiment de ne pas céder à de bons sentiments faciles. Car je pense qu'ils sont sans lendemain. Je pense que si je suivais cette voie, elle ferait basculer le pays vers les extrêmes, elle nourrirait les xénophobes dans notre pays et elle ne réglerait pas durablement la situation.* »

Le navire humanitaire fait route vers Malte afin de débarquer les 58 migrants à son bord. Un accord a été trouvé mardi avec plusieurs pays européens pour les accueillir. Mais après le retrait de son pavillon par le Panama, le sort de l'Aquarius reste incertain.

Les journalistes ont étalé des pages à la gloire de Macron, un modèle de fermeté. Le grand homme a refusé de se faire piéger par SOS méditerranée. Une organisation dont son idéologie militante et politique est avant tout en faveur pour une immigration massive. Ils le félicitent d'avoir fustigé « *le cynisme absolu des ONG* » qui « *font le jeu des passeurs.* »

Par contre, les mêmes dévoués sont silencieux sur la manœuvre de diversion de la part du spécialiste du ˮen même tempsˮ.

En effet, en toute discrétion, en novembre 2018, SOS Méditerranée reçoit un agrément, valable pendant cinq ans, de l'Éducation nationale en qualité d' « association éducative complémentaire de l'enseignement public ». Les bénévoles (une centaine) interviennent principalement dans les collèges et lycées et, ponctuellement, dans les classes de CM1 et CM2 des écoles primaires et des établissements supérieurs pour sensibiliser les élèves. Un bon moyen de conditionner les enfants.

Le 11 novembre 2022, Macron, ausi *mou qu'un macaron à l'intérieur* d'après Poutine, confirme solennellement sa renonciation à une ˮFrance forteˮ en ouvrant les portes du pays aux migrants illégaux. Un renoncement à notre liberté de décision qui a le don d'exacerber les patriotes et Gérard Collomb, ex-ministre de l'Intérieur.

Au sujet des migrants débarqués à Toulon, Gérard Collomb, également ex-maire de Lyon, déclare qu' « *au-delà de l'émotion sur le sort des personnes, l'accueil en France de l'Ocean Viking marque un tournant dans la politique d'immigration en France.* » Il ajoute : « *Lorsqu'en 2018, la création d'un hot spot à Toulon avait été envisagé, je m'y étais opposé de toutes mes forces et j'avais démissionné.* » Consterné, je poursuis la lecture : « *En accueillant l'Ocean Viking, on ouvre une brèche. Cela ne peut qu'encourager les réseaux de passeurs. Si je m'étais exprimé avant la Présidentielle, mon intervention aurait pu inverser le résultat, et Marine Le Pen être élue.* ». Affligeant Monsieur Collomb ! Marine le Pen plus dangereuse que l'islamisme bien réel qui a fait tant de morts en France. L'observation suivante fait frémir : « *Le Conseil européen avait lancé l'idée de "centres contrôlés" pour accueillir les migrants… Emmanuel Macron s'y montrant l'un des plus favorables… Il propose alors (en 2018) d'ouvrir un tel centre soit à Toulon soit à Marseille.* » Quelle lâcheté de sa part d'avoir caché le pouvoir exorbitant du Conseil européen non élu par le peuple. « *Je suis à fond contre ce projet.* » Peut-on vérifier ses déclarations ? « *Toutes mes équipes démontrent, en effet, que compte tenu des législations françaises et européennes, si l'on accueille des migrants dans ce type de centre, on ne pourra pas les faire repartir, et que l'on se retrouvera dans la même situation que l'Italie, Malte, la Grèce, qui sont des pays de premières entrées.* » Bizarre ! Aucune fuite. « *Emmanuel Macron insiste. Or, le 11 octobre 2018, je me rends à Marseille pour commémorer la mort des deux jeunes filles, Laura et Maurane, assassinées un an auparavant à la gare Saint-Charles -* un crime djihadiste commis par un Tunisien en situation irrégulière -. *Le préfet craint peut-être la réaction des parents.* » Qui sait ! Laura serait encore en vie. « *Aujourd'hui, je prends la parole car je pensais qu'en refusant d'accueillir l'Aquarius en 2018, le sujet sur les "centres contrôlés" me semblait appartenir au passé.* » « *On peut être ému par tous ces cas individuellement, mais à ne s'en tenir qu'à une réaction de sensibilité, on renforce plus le problème qu'on ne le résout, en créant un appel d'air.* »

Les remarques acerbes ou ironiques fusent. On pourrait rajouter : Lâche, faible et veule ! Car en se taisant, il a renforcé le lit des islamistes et des ennemis de la France. Il n'y a aucun courage de faire une déclaration si tardive s'il n'a pas assez de cran de demander à Macron de rendre des comptes auprès de la Justice.

Quelle outrecuidance de sa part. Son cancer de l'estomac diagnostiqué en septembre serait-il la cause de sa révélation ? Gérard Collomb, conscient de la dégradation scolaire dans les écoles publiques dès les années 1980, qui place son dernier enfant dans une école catholique, non par croyance, mais en raison du danger croissant d'une présence "extra européenne", cause de la dégradation du niveau scolaire.

Quelle indécence de la part de Gérard Collomb ! Il sait que le fonds de commerce de SOS Méditerranée, une « association malsaine », c'est faire du trafic d'êtres humains en lien avec des passeurs qui amassent des fortunes. Ces derniers chargent les migrants économiques dans les bateaux, ils leurs prennent leurs documents d'identité, ils les envoient en mer, afin que le taxi Ocean Viking, payé par nos impôts, les dirigent vers un port européen puisque de l'autre côté, le port de Tunis n'est pas considéré comme un port sûr.

Autant interdire aux Français de se rendre en Tunisie par mer pendant les vacances. Quel manque d'égard envers le gouvernement tunisien !

Gérard Collomb ! En 2017, votre ralliement auprès de Macron pouvait, à la rigueur, se concevoir. Vous êtes un opposant du LR Sarkozy, incapable de fonctionner le karcher et qui a trahi ses électeurs de surcroît. Vous souteniez Hollande dont ses choix inconsidérés ont aggravé la montée du chômage, de notre dette et de l'islamisme. La guerre menée par les islamistes dans des contrées lointaines s'étend jusqu'à nos campagnes. Il laisse un pays fracturé et aux abois. Macron avait l'ambition de fluidifier les rouages économiques complètement coincés et de moraliser la vie politique, également très grippée, en permettant plus de transparences dans un système opaque. Des combinaisons qui ont révélé des pratiques ignominieuses. Que penser du socialiste Cahuzac ou du LR Bernard Brochand qui planquent en douce de l'argent en Suisse. Pour autant, j'ai eu des doutes sur Macron dès le début. Comment pratiquer une forme d'intégrité alors qu'en tant que Ministre de l'Économie de François Hollande, il est responsable du déclin de notre industrie et ouvre grand les portes de la France à l'immigration. Macron joue les vertueux mais il crée un mouvement tout en restant au gouvernement sans que ça ne troublent les médias, de moins en moins un contre pouvoir. Cependant, la pitoyable prestation de Marine Le Pen face à Macron confirma le peu de crédit que j'accorde à la politicienne boutiquière. Pour cette raison, j'avais voté blanc au second tour et je ne le regrette pas quand on détaille la liste des soutiens de Macron qui sont loin d'être exemplaires à l'instar des Ferrand, De Sarnez, Bayrou et bien d'autres, la liste est longue.

En 2018, la lâche discrétion de Gérard Collomb est très dommageable, car en révélant le vrai visage de Macron, il ne commettait aucune délation. Hélas ! Le socialiste a privilégié l'intérêt de son parti politique combinard en faveur des migrants, au détriment de l'intérêt général pour la souveraineté de la Nation et de la sécurité des Français. Avez-vous pensé aux familles de Lola, de Samuel Paty, de Sarah Halimi, d'Alban Gervaise ou du colonel Beltrame ?

Choisir le 11 novembre, jour de la célébration du sursaut patriote des poilus pour découvrir avec stupeur Macron et Darmanin s'agenouiller devant la submersion migratoire, avec les encouragements de La Nupès, est inconcevable. Comment peut-on être si irresponsable car cette fausse générosité renforce la mafia des passeurs, alors que Tunis ou Bizerte, si proches du bateau, sont des ports sûrs contrairement aux affirmations de la commission européenne. Toulon, déjà totalement détruite par les musulmans qui ont massacré ou déporté les populations et laissé la ville déserte en 1178 et 1197, est devenue le nouveau Lampedusa pour accueillir aujourd'hui des migrants.

Les remarques peu courtoises de Darmanin à l'égard de Georgia Meloni augmentent le malaise : « *L'Italie se met en dehors de la solidarité européenne.* » Elle qui essaie tant bien que mal d'honorer ses engagements vis-à-vis de ses électeurs en refusant le quatrième bateau, après avoir été obligée d'en recevoir trois ces derniers jours sous la pression de l'Union Européenne qui la menaçait de supprimer des subventions de l'Europe. Un respect du choix démocratique qui est inadmissible pour les technocrates de Bruxelles aux ordres du mondialisme américain.

Le gouvernement a mobilisé près de 600 personnes plus, le lendemain, le renfort d'une quinzaine de policiers et d'une demi-douzaine de véhicules de police de Marseille, transférés en mission de sécurisation à Toulon. « *Il y a tellement peu de délinquance à Marseille qu'on peut se le permettre* », grince une source policière auprès du magazine *Valeurs Actuelles*. Pour une opération « *à caractère exceptionnel !* » avertit Darmanin. Décidément, plus il ouvre la bouche, plus il devient grotesque et de moins en moins crédible, s'il le fut un jour. Car, au même moment, le porte-parole du gouvernement assure que « *La France ne serait pas la France* » si elle n'accueillait pas ce bateau. À cette œuvre de bienfaisance, la Croix Rouge apporte un soutien humanitaire, l'association de protection civile contribue à la sauvegarde du site choisi et d'autres associations se sont jointes pour différentes tâches à accomplir.

Le centre de rétention retenu se situe dans la presqu'île de Giens.

Quel témoignage de sollicitude de la part de Macron envers les migrants et en même temps un jackpot pour les dirigeants, les actionnaires et les investisseurs de Belambra, un magnifique village de vacances, vide à cette période, en sélectionnant ce lieu idyllique ! Un moyen supplémentaire de gonfler leurs bénéfices grâce aux impôts des Français et au coup de pouce des taxis humanistes de la mer. Les mineurs, par contre, sont logés dans un centre d'accueil à proximité du port, l'hôtel : *Aux 3 mûriers*. Pour quel résultat ?

Pour découvrir, qu'après avoir déployé tant de moyens humains, il n'y a aucune différence entre un centre d'accueil – 26 mineurs sur 44 ont fugué légalement -, et un centre de rétention – 108 majeurs sont libérés par décision de justice le lendemain 18 novembre. Les deux sont des passoires.

Le 11 novembre, ils étaient malades, épuisés, au bord du rouleau, à sauver d'urgence. Une semaine plus tard, après avoir été bien vitaminés, bien au chaud, pendant que les policiers, dehors, grelottaient et devaient se contenter de sandwichs Sodebo, voilà nos migrants maintenant vite remis et égayés dans la nature avec Smartphones et pécules. Sur 234 migrants, 134 se retrouvent dans la nature.

De quoi exacerber davantage les habitants proches de l'hôtel *Aux Trois Mûriers*, d'après un reportage sur *CNews*. Des demoiselles ont témoigné sur le harcèlement qu'elles subissent depuis plusieurs années par des mineurs de passage temporaire. Ils ignorent nos codes du bien vivre ensemble.

Un Agent Immobilier de Toulon que je connais bien peste. En off, il m'a décrit sa mésaventure avec un Lyonnais qui annule son option d'achat d'un trois pièces dans le quartier des Mûriers, après avoir vu le reportage. Il craint que ce coin ne devienne une seconde Guillotière.

Les options offertes, délibérément ignorées par Ocean Viking, avant d'arriver à Toulon, nous font mieux comprendre la manipulation.

1) Du 20 au 30 octobre, Ocean Viking était à 110 miles nautiques de Sfax, port sûr le plus proche. Il a décidé de ne pas y aller car ce n'était pas un port européen.

2) L'Ocean Viking a de nouveau eu l'occasion de se conforter à la législation maritime internationale et de débarquer ses clandestins quand il était à 56,2 miles nautiques, un peu plus de 100 kms, de Malte.

3) Après le refus italien, l'Ocean Viking est de nouveau passé au large de Malte sans déposer les clandestins. Pourtant, dès le 28 octobre, SOS Méditerrannée parlait d'une "terrible expérience physique et psychologique." Pourquoi ne les ont-ils pas mis en sécurité au plus vite ?

Après trois semaines de navigation en Méditerranée, l'Ocean Viking a parcouru au total 1 568 miles nautiques, près de 3 000 kms, au cours desquels, en toute impunité et en ignorant le respect de toute la législation maritime, il a soumis les immigrés qu'il avait à bord à une situation inhumaine.

Les principes juridiques qui régissent toute opération de sauvetage en mer et toute éthique qui vise à garantir les conditions physiques et psychologiques (Comme évoquées par SOS Méditerranée France elle-même) des clandestins ont été bafoués.

Cette organisation pro-immigration jouit d'une impunité juridique totale alors qu'elle ne respecte pas les règles maritimes internationales et se rend complice des mafias qui vendent aux clandestins un voyage vers l'Europe.

Frontex, nommé depuis 2016 : Agence européenne de garde-frontières et de garde-côtes, a publié des vidéos montrant les passeurs transbordant des migrants en mer sur une barque à proximité du navire de « sauvetage » prêt à les embarquer.

Évidemment, les médias n'en parlent pas.

Au contraire, les médias participent à l'envahissement de peuples aux mœurs et aux traditions différentes des nôtres en ne critiquant pas le tweet de renoncement de Darmanin du 11 novembre à 14h 13 :

« 11 États Européens se sont déjà engagés à reprendre 175 des 234 passagers, c'est ça la solidarité européenne » Ils soutiennent et font la promotion d'une invasion massive de migrants illégaux à la culture et à la religion qui ne correspondent pas à 1 500 ans de présence en France.

Des clandestins devenus subitement des ˝passagers˝ légaux pour le capitulard Darmanin.

***

L'acheteur Lyonnais qui vient d'annuler durant le délai légal des sept jours de rétraction l'achat d'un trois pièces dans le quartier proche de l'hôtel Aux Trois Mûriers, est aussi hypocrite que quelques Scandinaves amoureux de Nice avec qui j'étais en relation d'affaires.

Dans les années 2000, un couple de Norvégiens souhaite acquérir un trois pièces dans le centre de Nice. En fonction de leur trésorerie et du périmètre retenu, ils visitent d'abord par l'intermédiaire de mon ami Serge Cajna, un logement spacieux et bien desservi situé dans le haut du boulevard Grosso. S'ils n'émettent aucune objection sur le produit, l'environnement les désespère. Ils n'apprécient pas la population costumée qu'ils croisent. Ce jugement abrupt n'est pas politiquement correct. Au moins, ils ont le mérite de me le dire franchement, contrairement aux fallacieux. Ils avouent que la Norvège a de sérieux problèmes d'immigration. Une religion intolérante dicte sa loi.

En fin de compte, pour un prix presqu'équivalent, ils retiennent un beau rez-de-jardin, avec garage et piscine, dans le quartier résidentiel de La Lanterne. Un endroit très prisé par les Niçois et les Parisiens, excepté par ceux qui partagent l'avis de Mélenchon : « Trop de têtes blondes et d'yeux bleus fleurissent ce coin *réactionnaire.* »

En regardant les affiches de la vitrine de mon Agence, deux Suédois portent leur attention sur la description élogieuse d'un quatre pièces à un prix attractif. Le lieu et la surface répondent exactement à leurs désidératas. Le couple hautain en provenance de Stockholm est chagriné. Depuis plus de six jours, malgré d'innombrables visites effectuées avec mes confrères, ainsi que des recherches effectuées plusieurs mois auparavant par internet, aucune habitation capable de leur convenir ne correspond, jusqu'à présent, à la taille réelle de leur portefeuille.

Le mari s'extasie. Il apprécie les photos de l'appartement. Les façades du bel immeuble standing dotées de deux belles terrasses comblent son côté snob. Madame, enchantée, découvre une salle de douche en plus de la salle de bains. C'est qu'ils sont propres nos Suédois. Grâce à Google, ils situent exactement la rue Assalit. Ils ont une sensation agréable. Ils ont le feeling. « *L'endroit nous convient parfaitement. Peut-on le voir ?* »

Un psychologue de la vente qui n'a appris son métier qu'à travers des livres, comme Bruno Le Maire ou Gabriel Attal, vous garantirait que le marché est conclu. Ayant montré plusieurs fois le nid douillet y compris à des Scandinaves, et obtenu chaque fois la même réponse négative avec toujours le même refrain en conclusion, cette fois-ci, je prends les devants. Inutile de perdre à nouveau deux heures ou plus de son temps pour rien. Nous ne sommes pas des avocats. Eux encaissent une fois la poignée de la main serrée. Et la simple affaire devenant si complexe, leur main est bien rodée.

- Le coin est plutôt mosaïque.

- Monsieur ! Nous ne sommes pas racistes ! Tressaillent-ils. Aussi ulcérés que l'étonnée Nadine Morano du parti LR en pleine décrépitude : « *Moi raciste ! Ma meilleure amie est Tchadienne, donc plus noire qu'une Arabe.* »

Le rendez-vous pris, nous quittons la rue de la Buffa, réputé pour son marché couvert du temps où la maman de Romain Gary y faisait ses courses, aujourd'hui en pleine désuétude, en attendant sa démolition prévue en 2023. Nous nous dirigeons vers l'avenue Jean Médecin, l'artère la plus commerçante de Nice. Les grands blonds aux yeux luisants sont aux anges. Ils avancent d'un pas allègre. Une fois la rue Notre Dame franchie d'un mouvement très cadencé afin que mes deux enthousiastes n'aperçoivent pas des croyants, vêtus différemment, allongés par terre en squattant illégalement la rue de Suisse, leurs visages et leurs corps donnent l'impression de se déformer. Sont-ils constipés ? La population est de plus en plus bigarrée. Des femmes voilées et quelques Belphégors, obligées de suivre docilement les barbus affublés de la djellaba, envahissent le pavé. Arrivés au début de la rue Assalit, mes acheteurs ressentent un choc. Leur mine guillerette est un vague souvenir. Silencieux, les yeux fuyants, ils achèvent les derniers cent mètres dans une extrême douleur comme s'ils suivaient un cortège funèbre. De profundis… Nous pénétrons dans l'appartement du bâtiment encore occupé par une majorité de Français de souche – plusieurs souhaitent ardemment vivre ailleurs. Ils constatent que je n'ai point exagéré. Le logement est splendide, lumineux et très fonctionnel. S'ils savaient ! Le prix est largement négociable. Pour autant, ils n'expriment aucun émerveillement. Ils sont froids comme la banquise.

Sur le chemin du retour, mes deux Vikings congestionnés me fuient du regard. Certes, le cocon adorable répond à leurs besoins. Certes, l'emplacement respecte leur cahier de charges. Mais… ! Est-ce mon intérêt de renouveler la même question : « *Que pensez-vous du bien ?* » Et d'essuyer un échec sans rien comprendre, de la même façon que les Suédois en provenance de Göteborg la semaine dernière. Pourtant, ces derniers, après mes explications aussi positives sur le coin que Macron et l'UE vantant les mérites du vivre ensemble, m'avaient confirmé avoir de très bons amis Arabes dans leur ville. Après la visite, ils détalèrent sans même me saluer.

Tilt ! Je viens de signer un mandat de vente pour un ancien deux pièces transformés en trois pièces aux dimensions légèrement réduites, excessivement bien localisé dans la rue Meyerbeer. Le balcon est un plus indéniable. Il offre même une échappée mer. Les trente mille euros au-dessus de leur enveloppe ne devraient pas être un obstacle. Mieux vaut ruser. Dissuadons-les d'acheter trop vaste. « Ne perdez pas toute la matinée avec le ménage ! Profitez de la mer et du soleil. Flânez dans le Vieux-Nice. Au fait ! J'ai quelque chose près de la mer qui pourrait vous convenir. » Ils plongent. « Vous avez raison ! Nous recherchons surtout un pied à terre. » Une chance ! Le propriétaire est présent. Vite !

Décrochons le marché. Ainsi, à la différence des précédents acheteurs Scandinaves, ils me révéleront les motifs de leur véritable rejet de la rue Assalit. La porte à peine entrouverte, les deux tourtereaux se précipitent vers le balcon. Ils admirent la mer, effectuent un rapide tour du bien et, enchantés, font une offre symbolique, acceptée pour moitié.

Comme je le prévoyais, sans que je n'émette une remarque, ils se sont répandus quatre mois plus tard en sortant de chez le Notaire. Au réputé restaurant Italien Villa Corleone du Bd Victor Hugo, devenu aujourd'hui le Nespo, un restaurant gastronomique, hilares, ils exultent.

- Franchement ! Vous nous voyiez passer nos vacances en compagnie des islamistes. Ils sont si dissemblables. Si vous saviez tous les problèmes qu'ils nous causent. Ils pillent, ils saccagent, ils violent nos femmes. Ils continuent leur litanie avec une pointe de regret dans un anglais cérémonieux.

- La Suède a longtemps été considérée comme l'un des grands pays de l'Union Européenne où l'on vivait bien. Malheureusement, ces dernières années, elle a gagné la triste réputation de « capitale européenne du viol. » Le pays présente la plus forte croissance démographique en Europe. Elle est presque entièrement la conséquence de l'afflux d'immigration. Parallèlement à ce déferlement migratoire, l'incivilité a grandi de façon astronomique et les agressions sexuelles sur les femmes sont devenues le lot quotidien, me narrent-ils tout en savourant la pizza Sicilienne, une pate épaisse contrairement à celle de la pizza New Yorkaise.

Effectivement, en lisant les nouvelles, il est aisé de constater que le pays se dégrade. En 1975, on enregistrait 421 viols en Suède selon la police, en 2014, ce ne sont pas moins de 6 620 infractions de ce type qui ont été signalées. Que penser des propos de la députée socialiste Barbro Sörman en réaction de certains médias qui rapportent que 90% des viols pratiqués sur le territoire suédois sont commis par des immigrés musulmans. « Il est normal que les réfugiés aient tendance à vouloir violer les femmes, car c'est culturel dans leur pays. »

Les prédictions du couple se confirment. Le 3 juillet 2017, en raison de quatre ou cinq viols et de 23 agressions sexuelles, les organisateurs décident d'annuler le plus grand festival de rock de Brávalla à Norrköping au sud de Stockholm.

Qui sont les violeurs ? Ils ne sont pas mentionnés dans les journaux. Peut-on être accusé de racisme si on les dénonce ? Le politiquement correct de la France a fait des émules en Suède.

En octobre 2022, lassés par tant de violence, et par le changement de la population, sur dix millions d'habitants, deux millions sont nés à l'étranger et, à Malmö, 57% de la population est née à l'étranger, les Suédois ont voté à Droite.

Au grand mécontentement de Macron le Désastre.

***

Dans sa volonté de changer radicalement la composition de la population européenne qui vit actuellement en France, SOS Méditerranée vient d'obtenir une immense victoire. Sans se soucier des risques d'évènements graves qui pourraient surgir en France. N'oublions pas ! La plupart des migrants sont de religion musulmane.

L'exemple suivant justifie la pertinence de ma remarque et de tout politicien qui pose la question sans outrance ni excès mais avec un maximum d'objectivités.

Dimanche matin 20 novembre, durant les quarante minutes de trajet jusqu'à la gare Saint-Charles, les passagers de la navette Aix-Marseille ont dû subir l'écoute des versets du Coran. Deux personnes seulement réagirent dans un car comble. Une dame âgée empêche son mari d'exprimer sa réprobation. La peur au ventre, elle lui dit : « *On est entre ses mains.* » Cette phrase montre à quel point la crainte s'est emparée chez cette vieille femme, au point de trembler comme dans les pires heures de la France dans les années 40, quand elle croisait les Allemands, le bras tendu : Heil Hitler ! Un autre passager, un retraité algérien lui fait remarquer : « *Ceci est contraire à la laïcité.* » « *C'est mon bus ! Je fais ce que je veux* », rétorque le chauffeur avec arrogance. Quant aux autres passagers, ils ne bronchent pas.

À Marseille, le retraité Algérien fait part de son choc : « *Cela me rappelle l'Algérie avec le FIS… Il fallait écouter les versets du Coran dans les bus. C'est catastrophique. Il faut réagir.* » Il s'en réfère aux principes de la laïcité et conclut : « *Ce jeune, quand il fait ça, il fait monter le RN.* »

Sa seconde remarque est puérile et peu réfléchie.

Avec un afflux massif de migrants musulmans en France qui respectent la charia, il ne sera même plus autorisé à s'exprimer. D'où la nécessité de supprimer le regroupement familial parmi toutes les mesures à prendre. S'il tient tant à la laïcité, il devrait donner sa voix aux véritables défenseurs de nos libertés. Madame Le Pen l'est-elle vraiment ? C'est seulement dans ce sens que je retiens la remarque du retraité Algérien dont je loue son courage pour son franc parler.

La radio *France Bleu Provence* confirme qu'il s'agit de la sourate 166 Al Baquara. La Direction va-t-elle le sanctionner ? Le ministre des Transports va-t-il réagir ? Ne soyons pas surpris si ce genre d'incidents se multipliera dans un avenir proche, à force de laisser les ONG décharger la cargaison de migrants musulmans remis par les passeurs.

Avec la complicité de Macron, de Borne et de Darmanin aux ordres de l'UE.

Cessons de nous opposer aux islamistes en invoquant la laïcité.

C'est aussi peu efficace que les cavaliers Polonais face aux chars allemands en 1939.

Sinon, à Reims, bientôt il deviendra impossible pour une femme seule de faire son jogging. Le 31 décembre 2022, une femme active en sortant prendre l'air fut égorgée par un Afghan.

Très peu de médias ont relevé ce sentiment d'insécurité.

10

8 Milliards d'habitants.

En ce 15 novembre 2022 tristounet, l'ensemble de la presse écrite ou télévisée annonce avec fracas le passage d'1,4 milliard d'habitants au début du 20ᵉ siècle à 8 milliards de terriens aujourd'hui.

Devons-nous féliciter les progrès de la médecine et de la technologie ou blâmer leur trop grande efficacité. Car si la population décroit en Europe, pourquoi une telle explosion démographique ailleurs ? Surtout si nous craignons un réchauffement climatique qui épuisera davantage les richesses naturelles de la terre. Notre gouvernement, qui se veut encore le phare de l'universalisme, plutôt que de chercher à freiner les conséquences désastreuses de la multiplication d'habitants en Afrique, incapables de se nourrir correctement à cause de leurs dirigeants corrompus avec la complicité des Occidentaux, encourage leur débarquement massif sur notre sol en contournant nos lois.

À croire que le droit, les lois, les procédures soient devenus des freins à la sauvegarde de notre Nation. L'Union Européenne est devenu une compilation d'injonctions afin de permettre plus de mainmise sur le peuple asservi et une accélération de migrants en France. Tout en épargnant les riches et ceux qui poussent au crime.

À la Présidentielle, seuls Nicolas Dupont-Aignan et Eric Zemmour ont dénoncé le cataclysme. Ce dernier, juste pour constater la situation sans complaisance, fut même condamné pour incitation à la haine avant d'être relaxé en Appel, alors que l'immigration en France représente aujourd'hui 19 millions de personnes parmi les 68 millions d'habitants.

Quant à Marine Le Pen, lors de son débat au second tour face à Macron en avril 2022, elle fut pratiquement inaudible à ce sujet pourtant si crucial pour l'avenir de notre pays. Tandis que Mélenchon et Jadot, fidèles à leurs convictions délétères, encourageaient les migrants et le monde entier à venir s'installer en France, oubliant au passage les véritables défis que nous devons mettre en œuvre au nom de l'écologie, en particulier la biodiversité. Cependant, l'agriculture de qualité qui permet de ne pas détruire nos belles régions peut-elle se développer face à des pays qui pratiquent la culture intensive à haute dose de pesticides à l'instar de nos grands céréaliers subventionnés par le gouvernement ? Une agriculture productive au détriment de notre santé, qui est la cause des cancers. Ce n'est pas en cultivant des salades et des tomates sur les toits des immeubles ou dans une grande tour de quinze étages, la campagne à la ville, sans le véritable contact avec la terre mais avec le concours de l'eau vitaminée, que nous mangerons plus sain.

Stupeur le 21 février 2023. *Le Figaro* reproduit le très officiel communiqué des autorités Tunisiennes.

Le président tunisien Kais Saied, un peu Frères musulmans et légèrement laïcard, mais pas autant que son lointain prédécesseur, Habib Bourguiba, d'après Gabrielle Cluzel, rédactrice en chef de *Boulevard Voltaire*, a fait une annonce explosive. Il prévient que des « *mesures urgentes doivent être prises pour faire face à l'arrivée en Tunisie d'un grand nombre de migrants clandestins en provenance d'Afrique Subsaharienne* ». Il qualifie ces « *hordes* », source de « *violences, de crimes et d'actes inacceptables* », « *d'entreprise criminelle ourdie à l'orée de ce siècle pour changer la composition démographique de la Tunisie, afin de la transformer en pays africain seulement et estomper son caractère arabo-musulman* ».

La Tunisie subirait-elle déjà tant de tensions sociales alors qu'il n'y aurait qu'environ 21 000 Africains pour 12 millions de Tunisiens. Ces migrants auraient-ils déjà provoqués des exactions avant celles mises en évidence depuis la déclaration du Président. Des violences que la Banque Mondiale condamne en suspendant son partenariat pour les nouveaux projets. Même si les lynchages doivent être dénoncés, de quel droit la Banque Mondiale s'immisce-t-elle dans un pays déjà au seuil de la banqueroute ? En agissant de cette manière, c'est accélérer le déclin du pays et pousser les habitants à trouver un meilleur espoir de vivre en France, par exemple. À moins que le but perfide de la Banque Mondiale, c'est vouloir détruire son identité, à l'instar de la France gouvernée par Macron aux ordres de l'UE.

BHL, la chemise blanche rutilante en permanence, même en pleines mitrailles, reposera-t-il ses chaussures noires vernies en Afrique du Nord, afin de dégommer avec son nouveau compère Macron, l'homme qui défend l'identité de la Tunisie ? Mélenchon, Louis Boyard, Danielle Obono, Sandrine Rousseau, Rachel Kéké, qu'attendez-vous pour vociférer contre l'Ambassade de Tunisie à Paris aux cris de : « Tunisiens ! Fascistes ! » « Tunisiens ! Racistes ! » Avec les pancartes appropriées : « MANGES TES MORTS ! » « Kais Saied ! DU BALAIE ! » « IL FAUT DÉPOUSSIÉRER LE RACISME EN TUNISIE ! »

Pendant ce temps, le 22 février 2023, le gouvernement, profitant de la frénésie médiatique sur les exploits macabres du drogué Pierre Palmade, une aubaine pour atténuer l'état anxiogène des Français, nomme discrètement un fervent partisan du multiculturalisme à la présidence de la section de l'Intérieur du Conseil d'État, en charge des questions migratoires.

Qui est Thierry Tuot, ex-juge de la section du Contentieux du Conseil d'État ?

En 2013, il remet au Premier ministre Jean-Marc Ayrault un rapport public délirant, intitulé « La grande Nation : pour une société inclusive ». Il rejette les concepts d'assimilation et d'intégration. À la page 62 du document, Thierry Tuot affirme que la « *question musulmane, une pure invention de ceux qui la posent, ne cesse d'enfler et de soucier, de polluer le débat public, et de troubler jusqu'au délire les meilleurs esprits* ». Thierry Tuot empreinte-t-il quelquefois les lignes des voies ferrées de la banlieue

parisienne ou la ligne de métro Porte de Clignancourt-Porte d'Orléans ?
Il est pour la régularisation immédiate de tous les étrangers.

En 2016, revenu au Conseil d'État durant le gouvernement Valls, il est
parmi ceux qui ont cassé l'arrêté « anti-burkini ».

Voici un extrait de l'arrêt du Conseil d'État invalidant les arrêtés
municipaux interdisant le port du burkini sur certaines plages.

Article 1er : l'ordonnance du juge des référés du Tribunal
Administratif de Nice en date du 22 août 2016 est annulée.

Article 2 : L'exécution de l'article 4.3 de l'arrêté du maire de
Villeneuve-Loubet en date du 5 août 2016 est suspendue.

Article 3 : Les conclusions de la Commune de Villeneuve-Loubet et
celles de la Ligue des droits de l'homme, de M. Lavisse, de M. Rossi et de
l'Association de défense des droits de l'homme Collectif contre
l'islamophobie en France tendant à l'application de l'Article L-761-1 du
code de justice administrative sont rejetées.

Article 4 : La présente ordonnance sera notifiée…

Fait à Paris, le 26 août 2016

Signé : Bernard Stirn   Signé : Thierry Tuot   Signé : Jacques-Henri Stahl

La nomination n'a guère troublé le Premier ministre Manuel Valls, le
fervent défenseur socialiste de la laïcité. Son double jeu est-il déroutant?
Pas tant que ça si on s'intéresse à son parcours et à ses péripéties
jusqu'en Espagne. Valls a l'échine souple. Si, lors des élections aux
Législatives en juin 2022 sous la bannière du Macronisme, il avait été élu,
il aurait rejoint Thierry Tuot aux cris de : « Vive les migrants ! » Je me
suis toujours méfié de l'arriviste même lors de l'attentat de l'école juive à
Toulouse en novembre 2012. Sa laïcité de façade le rendait moins
médiocre que bon nombre d'autres socialistes. Plaignons les naïfs qui
croyaient en sa bonne foi. Ils se sont fait diablement couillonner.

Même si dans son dernier livre, Manuel Valls prétend défendre la
culture et la civilisation des nations européennes, avant tout judéo-

chrétiennes, il demeure un indécrottable socialiste sectaire ayant du mal à accepter la pluralité des idées au sein du Parlement.

Oui ! Thierry Tuot, bien secondé par le journal *Le Monde* du 27 février 2023, suit la ligne de conduite établie par Macron, la destruction de l'identité française. L'information très orientée est similaire aux écrits de la *Pravda* du temps glorieux de Staline. « *De nombreux chercheurs et spécialistes, des élites puisqu'ils sont diplômés, souhaiteraient une convention citoyenne sur l'immigration sur les mêmes bases que la convention sur le climat.* »

Dehors ! Peuple frustre trop inculte. Tu n'as pas ton mot à dire. Ainsi, en confisquant un débat démocratique sur le regroupement familial, par exemple, ils pourront, sans être contredits par des gens réactionnaires, des fascistes, des dangereux extrémistes, des crétins - ils croient à notre culture, à notre identité, à l'assimilation -, soutenir qu'il n'y a pas de submersion migratoire et que les régularisations et les sauvetages en mer n'ont jamais provoqué d' « *appel d'air* ». Les télés du pouvoir, l'essoreuse règlementaire du cerveau bien shampouiné par des journalistes aux ordres, informeront le peuple soulagé : « *le grand remplacement est un mythe.* »

Si les yeux bleus de l'élève Marcel s'étonnent encore de ne voir dans sa classe que des Zied, des Mohamed en djellaba ou les burqas d'Aïcha, Sandrine Rousseau et Clémentine Autain l'expédient illico dans une école de l'avenir. Ainsi, bien rééduqué, comme au bon vieux temps de Staline et de Mao, Marcel qui s'appelle dorénavant Abdul est enfin apaisé.

11

Lundi 10 octobre 2022. En plein contexte de pénurie de carburant, pendant que des stations profitent de majorer les prix jusqu'à deux euros le litre de SP95, voire plus, des malins font preuves d'audace dans un quartier de Villiers-le-Bel (Val d'Oise) parmi une population ravie de jouir des avantages des plaisirs du vivre-ensemble. Des jeunes réquisitionnent en début de soirée une station-essence automatique Total et en interdisent l'accès à certains automobilistes. « *Si tu n'es pas de chez nous, tu dégages.* » Ainsi, si les habitants du quartier sont autorisés à se servir librement, d'autres se voient proposer des bidons d'essence remplis par des délinquants dont le prix, très prohibitif, trois euros le litre, est fixé par leurs soins. Des conducteurs refusent « *leurs services* » - sont-ils fiables au demeurant. En représailles, ils sont violentés et des sauvageons caillassent leurs voitures, juste avant de détaler en voyant les policiers venir à la rescousse. Un seul voyou, un récidiviste déjà connu défavorablement, fut alpagué parmi la meute qui les insultait. Il a été interpellé avec beaucoup de difficultés, puis placé en garde à vue pour outrage et rébellion. Une seule arrestation ? La police a-t-elle remarqué trop de mineurs parmi les braves jeunots qui *voulaient juste rendre un service* ? *Sur mesure* ! Soutiendrait un Dupond-Moretti jamais en manque d'inspiration pour s'apitoyer sur la chance du vivre positif.

Tout ceci donne l'impression que les consignes de Darmanin sont bien respectées : ˮPas de vagues !ˮ Au final, une affaireˮbanaleˮ qui se termine bien. Comme il n'y a aucun mort à décompter, il est inutile aux grands médias à la botte de Macron de révéler celle de Villiers-le-Bel ou d'autres, car ce ne sont pas des cas uniques. Le nombre de stations-essence clandestines et de ventes sauvages aurait bondi dans l'hexagone.

Limitons-nous à la cité de Créteil, encore une parcelle idyllique appréciée pour sa douceur de vivre. Les policiers ont découvert des entonnoirs, des bidons et des bouteilles vides, mais aucune trace de carburant pouvant procéder éventuellement à des arrestations. D'ici que des âmes charitables aient prévenu nos garnements de faire le ménage. Ou bien, c'est moi qui me fais un cinéma en voyant parfois des séries ou des films qui dépeignent trop bien la réalité.

***

En tout cas, si le « *peuple russe en paie les conséquences* », suite à la promesse de Le Maire en avril 2022 : « *Je vais provoquer l'effondrement de l'économie russe* », les Français ne sont pas épargnés.

Christian Gave, le plus grand Agent Immobilier de Nice, reçoit un appel de son frère vers 6 heures, le 12 octobre 2022. « *Christian ! Maman a fait une chute d'un tabouret. Montez vite à Paris. C'est grave. Dans moins de 24 heures, d'après le toubib, elle sombrera dans un coma définitif. Elle veut vous embrasser une dernière fois. Dépêchez-vous !*»

Vers 6 heures 35, le café avalé à toute vitesse, les parents, les trois enfants, à peine lavés, et Brigand le labrador bien portant montent dans la confortable Range Rover, moteur essence des années 97, très gloutonne. Une heure de queue pour avoir droit à seulement trente litres de SP 95 à la station Napoléon III et foncer à Paris. Après une grande frayeur en s'arrêtant, penauds, à une station aux cuves vides, ils furent obligés de rouler à 80 km/heure pendant près de quarante kilomètres avec la peur de la panne sèche qui liquéfie les cerveaux de la famille. La mesure restrictive se répète plusieurs fois avant de se garer finalement le lendemain vers 5 heures du matin, exténués, devant le domicile de maman. Entre-temps, Claude se démultipliait pour que sa mère ne ferme pas prématurément les yeux. À leur apparition, elle leurs sourit comme aux plus beaux jours de son existence épanouie et murmura, tout en caressant le chien : « *Mes chéris* » avant de s'assoupir définitivement.

Macron ! Vous étiez fier « d'emmerder » les non-vaccinés. Maintenant, vous faites « *chier* » Christian, sa famille et Brigand. Le pauvre, lui si propre d'habitude saisissait mal les explications de Christian. « *Brigand !*

On ne peut pas s'arrêter. Faut rouler, rouler sans s'arrêter à cause du satané Le Maire et ses 30 litres de rationnement, avant que ta mamie ne trépasse. Elle veut aussi te cajoler et t'embrasser. » Brigand, ne comprenant toujours pas, finit par pisser, caguer et même vomir dans la voiture. Le malheureux en fut si contrarié qu'il sombra dans une sorte de léthargie. De quoi faire sortir Christian, un colosse, de ses gongs. « *Si je croise le fumier qui a imposé les 30 litres, je l'étrangle* ! »

De retour à Nice, quelques jours plus tard, Carole, la dynamique véto de Napoléon III de Nice, dut prescrire un traitement choc à Brigand afin qu'il puisse se rétablir.

Votre blocus est-il vraiment efficace ? Chaque jour les prix à la consommation augmentent. Chaque jour nous découvrons notre dépendance. Nous manquons de tant de choses essentielles, y compris de la moutarde de Dijon. On annonce une pénurie de riz. Bientôt de doliprane. Quant à la hausse du coût de l'énergie, « *Une bombe à retardement* » pour Frédéric Roy, un boulanger niçois, un des rares à préparer lui-même ses croissants, elle risque de provoquer des faillites chez les artisans, quels qu'ils soient. Le journal *Nice-Matin* du mardi 22 novembre, sous la plume de Grégory Leclerc, détaille la facture du boulanger. Elle sera multipliée par quatre à partir du mois de janvier. « *Elle passera de 1 000 euros par mois à une fourchette comprise entre 3 600 et 4 500 euros par mois.* » En réaction, deux boulangers dont Frédéric Roy ont créé « *Le collectif pour la survie de nos boulangeries et de l'artisanat* ». Ils revendiquent près de 80 adhérents. « *Nous n'avons aucune visibilité sur d'éventuelles aides qui amortiraient cette crise, et ce qu'on nous annonce pour l'instant n'est pas en mesure d'éviter les faillites qui seront nombreuses si rien n'est fait* », estime Frédéric Roy qui espère le soutien de l'association des maires. « *Ils n'ont aucun intérêt à voir disparaître des commerces de proximité.* » Chers boulangers ! Tout ceci ne serait pas arrivé si le ministre de l'économie de François Hollande n'avait pas bradé le nucléaire sous la pression des Ecologistes, et démantelé EDF sous celle de l'UE. Vous ne seriez pas dans cette situation ubuesque si les énarques du gouvernement n'avaient pas eu l'idée saugrenue d'indexer le prix de l'électricité sur celui du gaz pour satisfaire les exigences de l'Allemagne.

Le 15 décembre, le froid s'abat même à Nice, réputée pourtant pour sa douceur climatique. Nicole, une femme fragile âgée de 82 ans, grelotte car les portefeuilles des copropriétaires de son immeuble subissent les effets de la sobriété énergétique imposée par Macron. Pour palier la fermeture du chauffage collectif alimenté au gaz, le syndic lui suggèrerait de porter des gants et un bonnet en laine.

Le ministre des Affaires étrangères et le matamore Bruno Le Maire, celui qui, avec Macron, « *ont mis à genoux l'économie russe* », devraient garder à l'esprit qu'à l'issue des deux guerres mondiales, les États-Unis furent les grands vainqueurs. Qu'a proposé Le Maire de concret pour empêcher près de 9 000 défaillances d'entreprises comptabilisées cet été. Soit 69% de plus que l'an dernier selon le cabinet Altaréa. Un taux de défaillance jamais observé depuis 25 ans. Les restaurants et les commerces de détail ont été fortement touchés. (*France Info* le 13/12/2022) Une catastrophe qui ne perturbe pas les députés. Les égoïstes s'augmentent de 250 euros.

En 2023, Macron et Le Maire persistent dans leurs erreurs.

Cet aveuglement de s'arc-bouter dans un choix stratégique contraire aux intérêts de nos travailleurs va-t-elle encourager les employés de Go Sport, Camaïeu, William Saurin, San Marina, Celio, Cop Copine, La Grande Récré, Galeries Lafayette, Meccano, Place du marché (ex-Toupargel), de travailler jusqu'à 64 ans pour percevoir une retraite encore moindre si leurs sociétés ont été placées en liquidation judiciaire entre janvier et février 2023, en attendant la fermeture d'autres enseignes. En mars 2023, c'est au tour de Planet Sushis de laisser en plan environ 330 salariés. En avril, c'est Clergerie, un de nos derniers fabricants de chaussures pour femmes basé à Romans, qui est mis en redressement judiciaire. Les perspectives de retrouver rapidement un emploi afin de simplement faire bouillir la marmite deviennent de plus en plus aléatoires. Surtout quand d'autres grands groupes, à l'instar d'Yves Rocher ou de Latécoère basé à Toulouse suppriment 600 emplois en Bretagne pour le premier cité, ou réduisent leurs effectifs ou délocalisent en Tchéquie et jusqu'au Mexique pour le second, un des fleurons de notre industrie aéronautique.

En mars 2023, nous avons la confirmation de la faillite de 166 boulangeries en janvier 2023. Le pire chiffre depuis 20 ans. Leurs factures d'électricité ont été multipliées par sept, voire douze, rapporte *RTL* matin qui rajoute que celles qui sont vraiment en souffrance se trouvent principalement dans les villages.

Allons Monsieur Macron ! Qui va nourrir les migrants que vous voulez nous imposer de force dans des lieux encore paisibles ?

Pendant ce temps, dans les abris-bus et partout ailleurs, on voit, en mars 2023, des pubs à la gloire de L'Europe :

L'Europe soutient la liberté, la justice et notre indépendance énergétique
L'Europe te soutient

Quelle propagande mensongère digne des régimes autoritaires.

Liberté ! Quand on impose un passe sanitaire.
Justice ! Quand les assassins sont mieux considérés que les victimes.
Indépendance énergétique ! Quand on sabote notre nucléaire et qu'on achète du gaz de schiste quatre fois plus cher et beaucoup plus polluant à des Américains qui veulent juste nous dominer et nous asservir et rester les maîtres du monde.

Hélas ! Au lieu de critiquer sévèrement le gouvernement pour leurs pénuries d'anticipation, les journalistes/robots salariés de médias à la solde du gouvernement ont le toupet d'écrire : « *des usagers sont prêts à payer jusqu'à 5 euros le litre.* » Lesquels ? Les bobos et les courageuses starlettes qui, une fois la mèche de cheveux coupée devant leur miroir pour s'unir aux femmes Iraniennes, vont faire la fête à Deauville, ou rejoindre, comme en 2007, Les Enfoirés à L'Hermitage à La Baule, « Un palace de milliardaires » selon Yannick Noah, plutôt que de loger à Nantes dans des hôtels plus modestes, où sept spectacles ont lieu au Zénith. Ou bien La France périphérique. La France déclassée des travailleurs, et non celle des allocataires du RSA des banlieues rouges.

Déjà, en novembre 2018, elle avait eu beaucoup de mal à joindre les deux bouts avec un super à 1,50 euro. D'où la crise justifiée des Gilets

Jaunes, méthodiquement méprisée par un Macron arrogant, avant qu'il ne réprime les ̔Sans Dents̋ par la violence et les déconsidère avec le concours bienveillant des antifas. Comment peut-on imaginer avec nos moyens technologiques actuels que ce soient toujours les mêmes qui s'immiscent dans les cortèges pacifiques afin de les décrédibiliser. Ces fils de bourgeois hauts placés sont-ils tant protégés que les policiers, souvent des enfants du peuple, soient également pris pour cible par des adhérents de LFI qui hurlent : ̔La Police Tue̋!

Voilà comment on brise une manifestation digne.

Honte à ce journalisme à sensations très orientées. Une manière indigne de manipuler le peuple déjà prisonnier de son Smartphone et des émissions abêtissantes qui l'empêche de lire et de réfléchir.

Français ! Ouvrez les yeux, scrutez, comparez, tâchez de vous souvenir. Vous étalerez mieux les graves manquements et échecs de Macron et de son équipe au sujet de la crise d'énergie. Ils ont forcé EDF à vendre son électricité à prix coûtant afin de permettre à des sociétés ̔fictives̋ de se faire du beurre sur le dos des contribuables. De ce fait, EDF n'a plus les moyens de se développer. Voici comment on détruit un fleuron français.

Certes, EDF présentait quelques anomalies, par exemple un comité d'entreprises trop pléthorique. Aux gouvernements de corriger les excès, mais pas de brader un de nos joyaux.

À l'instar d'Euromarché dans les années 70 : ̔*Une nouvelle race de grands magasins*̋, Macron, Hollande, Borne, Schiappa, Darmanin, Le Maire se prennent pour la nouvelle race de grands dirigeants. Ils démontrent le contraire : Une nouvelle crasse de grands politiciens énarques ou issus de milieux favorisés, imbus de leurs personnes, méprisant le peuple et s'aplatissant devant d'autres, aux ordres de l'UE et de l'oncle Sam.

Samedi 18 mars 2023, Christian Gave, le ténor de l'Immobilier de Nice, et son épouse, se rendent à La Seyne-sur-Mer pour le mariage de la fille d'un de leur confrère et ami au volant de sa Range Rover, modèle 1997, aussi gloutonne que le conducteur un jour de fête.

Christian a tellement arrosé l'union que son épouse ne sachant pas conduire ne le réveilla pas le lendemain. Lorsqu'il se remit enfin de sa journée agitée, le lundi 20 mars, il constata que la jauge était presqu'à zéro. Décidément, il joue de malchance. Patatras ! Presque toutes les stations d'essence sont à sec. Il attend patiemment son tour dans l'espoir d'obtenir quelques gouttes avant de retourner à Nice, très décontracté si la gendarmerie fait du zèle. Il peut souffler dans l'alcotest sans la crainte d'un retrait de permis de conduire.

12

L'hôpital Cochin est-il sécurisé ?

Jeudi 24 novembre, une patiente victime d'un viol aux urgences de l'hôpital Cochin à Paris porte plainte contre X pour mise en danger de la vie d'autrui. Elle veut savoir s'il y a eu des défaillances ou des manquements dans la surveillance du suivi de l'hôpital.

Avant de poursuivre sur ce nouvel avatar, les urgences à l'hôpital Lariboisière étaient-elles mieux sécurisées dans les années 1980 ?

Le vice-président de mon groupe japonais, après un excellent repas dans un réputé restaurant gastronomique de Paris a délaissé l'hôtel Nikko ou le Meurisse pour un hôtel de charme à Montmartre avec sa femme et sa fille pour son dernier voyage en Europe avant de prendre une retraite bien méritée. Le lendemain matin, vers 6h30, Suzuki, le responsable export m'appelle catastrophé. « Yves ! Peux-tu m'aider ? Kawasaki a fait un malaise cette nuit. L'ambulance, arrivée vers 6 heures, ne peut redémarrer. Sa compagnie envoie une autre voiture. » Sans me débarbouiller, j'enfile à toute vitesse des vêtements et je fonce. Trente minutes plus tard, je vois la mine pétrifiée de Suzuki et Kawasaki, inconscient, allongé dans l'ambulance en attendant d'être transféré dans la voiture de dépannage. Le pauvre ! Il aurait vomi et fait ses selles sur le lit, sur le sol partout au point que la puanteur s'est répandue dans l'étage. Les femmes de ménage s'activent.

La seconde ambulance arrive enfin. Je prends la place du passager mais le chauffeur ne démarre pas. *Que se passe-t-il ?* Je lui demande, inquiet. *J'attends la réponse pour savoir dans quel hôpital je dois me rendre. Il y aurait saturation aujourd'hui* ! *Inutile de zigzaguer dans Paris*, répond l'ambulancier, autant gêné que moi par l'odeur fétide.

Lariboisière ! Ordonne enfin une voix. *Bordel* ! Peste l'ambulancier en colère. Je ne cherche pas à comprendre tellement je suis incommodé par l'odeur même si la vitre est descendue. Finalement, deux heures après le coma de Kawasaki, l'ambulance démarre. Quelle malchance ! C'est jour de grève. Malgré la sirène de l'ambulance et nos bras qui gesticulent pour qu'on nous laisse passer, le trajet de cinq ou six kilomètres dure plus de quarante minutes. Déjà que les jours où tout fonctionnent normalement, les embouteillages sont monnaie courante.

Arrivés aux urgences, après avoir traversé des coins qui représentent plus l'Afrique, l'Inde ou le Pakistan que l'Auvergne, la Corse ou la Bretagne, que vois-je ? Horreur ! Une véritable cour des miracles. Des malades patientent dehors, en très grande majorité, des extra-européens. Je saisis maintenant la réaction de mécontentement de l'ambulancier, tout heureux d'avoir *déchargé* son client et de filer, une fois réceptionné par un infirmier qui semble débordé. Impossible de lui expliquer posément tous les contretemps subis par le malheureux Japonais. Il me réplique froidement : « *Il doit attendre son tour.* ». J'essaie une nouvelle tentative, sans grand succès quand, soudainement, je vois trois ou quatre Arabes aux mines patibulaires portant un Arabe couvert de sang, il donne l'impression d'avoir reçu plusieurs coups de couteau. Ils exigent qu'ils soient soignés sur le champ en menaçant le personnel. La honte ! L'infirmier, peu aimable envers moi, le prend en charge immédiatement devant un public avachi et Suzuki, le responsable Export de mon groupe, stupéfait dans un premier temps avant de me manifester son indignation. Révolté par tant de bassesse et de lâcheté, je fais un tel esclandre que 25 minutes plus tard, le personnel médical prend enfin soin de Kawasaki. En début d'après-midi, on m'informe qu'ils n'ont pas réussi à le réanimer. Ils rajoutent, comme pour se justifier : « *Il serait resté un légume jusqu'à la fin de ses jours.* »

C'est ainsi que j'ai découvert la problématique des urgences à Lariboisière dès les années 1980.

***

Voici comment *France Info* donne l'information ce jeudi 24 novembre. Selon une source proche du dossier, les faits se sont produits dans la nuit des 27 au 28 octobre. Une information judiciaire a été ouverte le 30 octobre par le parquet de Paris pour̎viol commis par une personne sous l'emprise de stupéfiants, vol et escroquerie˝. Le suspect, un homme de 22 ans, a été mis en examen et placé en détention provisoire. Vers une heure du matin, cette nuit-là, la victime sort ivre d'une péniche en bord de Seine où elle a passé la soirée. Elle chute, cogne sa tête contre le sol.

Le journal *Le Télégramme*, le même jour, est plus précis. Selon des témoins, l'agresseur aurait repéré la victime devant le bar et aurait simulé un coma éthylique dans le but de se faire également transporter aux urgences. À l'hôpital, il a cherché et retrouvé la jeune femme avant de la violer. Ce sont les cris de cette dernière qui ont fait fuir l'agresseur, qui en a profité pour dérober la carte bancaire de la victime. Il a été arrêté une heure plus tard. Il s'agirait d'un sans papiers âgé de 22 ans, arrivé illégalement en France en 2019 et ayant fait l'objet de deux obligations de quitter le territoire français (OQTF) émises sous des identités différentes.

Le Journal des Femmes, le même jour, également plus précis, complète. Le suspect, Faïd A, serait visé par deux OQTF pour…et pour un viol sur mineure, classée sans suite. Grâce aux enregistrements des caméras de surveillance, on voit qu'il ne reste pas dans sa chambre et va de box en box. Il s'introduit de lui-même dans le box d'Isabelle. Ceci laisse supposer que l'inculpé avait prémédité son geste.

28 janvier 2023, plusieurs médias dont *Le Parisien* relatent un scandale à l'hôpital Simone Veil d'Eaubonne (Val d'Oise). Un hôpital que j'avais bien connu dès les années 50 durant mon séjour dans cette ville paisible et accueillante avant de vivre à Paris. Quel changement après avoir lu les articles des journalistes et les réactions amères ou outragées des habitants d'Eaubonne. Josette, une dame âgée de 83 ans, avait patienté 44 heures dans les couloirs des urgences avant de finalement retourner à son Ehpad. Traumatisée et affaiblie, elle a refusé de s'alimenter. Elle est

morte quinze jours plus tard. Marie-Pierre, sa fille, a décidé de porter plainte contre l'établissement.

Son avocat sera-t-il à l'hauteur ? Si j'étais à sa place, je demanderai à l'hôpital la liste des personnes présentes aux urgences durant les 44 heures où Josette poireautait dans les couloirs. Dans le cas, où des gens du style de l'hôpital Lariboisière dans les années 1980 avaient été pris en charge en priorité.

France 2 propose le 21 mars 2023 une soirée spéciale sur le système de santé français. Son équipe s'est rendue aux urgences de l'hôpital du Mans. La Sarthe s'avère l'un des départements français les plus touchés par la désertification médicale ; un habitant sur trois n'a pas de médecin, les urgences deviennent alors le seul recours pour près de 70 000 personnes.

Anita Leaumeau, infirmière aux urgences, raconte ses journées harassantes : *"Quand on est 10 heures aux urgences, c'est 10 heures non-stop. On n'a pas le temps d'aller aux toilettes, on n'a même pas le temps de manger. À un moment donné, il y a des patients partout, et on ne sait plus où les mettre. Les patients peuvent passer des heures sur des brancards dans les couloirs de l'hôpital."* Joël Pannetier, médecin urgentiste, *"a toujours peur de la dégradation du malade dans l'heure, les deux heures ou trois ou quatre heures qu'il attend."* Effectivement, durant ces longues d'attente, ils peuvent trépasser comme Kawasaki à Lariboisière dans les années 1980.

Un drame bien plus pénible que trois heures à se bâfrer au restaurant du Sénat pour débattre avec gravité si la France a les moyens de verser vingt euros de plus par mois à des femmes seules plus que nécessiteuses. Un véritable casse-tête pour Larcher avalant avec une infinie délicatesse un Gevrey-Chambertin qui prétend sauver le système par répartition sans toucher aux immenses avantages des sénateurs et des députés dont une cantine cinq étoiles aux dires de mon ami Martin Nicholls qui avait été invité avec ses amis anglais à découvrir la magnificence du Sénat. .

L'hôpital du Mans est chanceux, il ignorerait les graves problèmes des hôpitaux mentionnés ci-dessus. Ou du moins, *France 2* ne le signale pas.

Et pour l'hôpital de Montreuil, il fait l'éloge des médecins étrangers qui permettent de faire fonctionner l'établissement.

France 2 devrait également enquêter dans nos petites villes suite aux récentes révélations du docteur anesthésiste Ariel Lipschuetz au sujet de l'hôpital de la Toussuire situé non loin de la réputée station de sports d'hiver Val Thorens. « *L'équipement médical est ancien et vétuste.* »

13

9 décembre 2022.

Maud et Anouk tiennent ensemble la librairie *Les Parleuses* avec un succès indéniable. Elle est située à proximité des anciens locaux de l'hôpital des urgences Saint-Roch, dans le cœur de Nice, un coin calme et agréable au côté champêtre. Autour d'un pot pris avec leurs clients sur les tables de la terrasse de la librairie qui ne désemplit pas tant il y règne une ambiance chaleureuse, les Agents Immobiliers justifient les prix élevés du quartier recherché pour sa qualité de vie. « Ici, ce n'est pas Les Moulins ! » plaisantent-ils.

Le 9 décembre 2022, Gérald Darmanin inaugure la nouvelle unité de Police dans les anciens locaux de l'hôpital des urgences Saint-Roch.

Concentrer toutes les forces dans un seul et même endroit au lieu d'être disséminées dans les nombreux quartiers sensibles qui composent la ville était une mauvaise idée pour plusieurs candidats aux municipales en 2020. Christian Estrosi obtint gain de cause au second tour grâce aux 60% des Niçois, dont tant lui sont redevables, parmi les 20% qui s'étaient déplacés dans les bureaux de vote. C'est dire l'omnipotence du maire et le désintérêt des 80% d'abstentionnistes dégoûtés, entre autres, par le revirement d'Eric Ciotti. Un an auparavant, le LR n'avait pas de mots assez durs envers le mégalomane, aussi doué pour les mathématiques que Bruno Le Maire, pour critiquer sa gestion désastreuse pour finalement exhorter les Niçois de voter pour le dépensier, le démolisseur de la ville, face au danger du RN. Les désabusés des urnes se rendent-ils compte que la démocratie, aussi vacillante soit-elle, est la grande perdante dans l'histoire ? Ce 9 décembre, l'autoritarisme, avec le soutien d'une police disciplinée au point de devenir aveugle, ne prend pas de gants pour accomplir des méfaits inimaginables que je croyais naïvement disparus à jamais.

Quelques jours auparavant, la librairie *Les Parleuses* avait invité Hélène Devynck, une journaliste auteur du livre *Impunité*. Elle avait porté plainte contre Patrick Poivre d'Arvor. En apprenant la venue de Darmanin le *Menteur* et même plus pour quelques femmes, des Colleuses féministes, avec l'autorisation de la cogérante de la librairie *Les Parleuses*, ont affiché des messages à l'intérieur et à l'extérieur de la vitrine de la boutique de livres. « *Qui sème l'impunité récolte la colère* », « *Violeur on vous voit* », « *Victime on vous croit* » « *Sophie on te croit* ». Vous pouvez le constater, les écrits ne sont pas vulgaires et n'ont rien d'injurieux. Ils décrivent seulement une situation réelle, même si certains, à mon sens, sont trop à charge. Doit-on vraiment croire toutes les dénonciations et condamner par avance sans laisser la Justice œuvrer ? En tout cas, ce ne fut pas du goût d'une personne. Tout fut censuré. Quelle personne ? Le journal *Nice-Matin*, réputé pour son manque de curiosité, ne le précise pas. Il a fait son job. Il classe ce viol de la loi en faits divers.

Sauf que le 20 février 2023, *MOUAIS* Le journal dubitatif donne plus d'explications. Vers 8 heures « les flics ont arraché les collages, et pour ceux collés à l'extérieur, un camion de la métropole arrive à toute vitesse pour construire des barrières toutes en noir afin de recouvrir les collages. Ben voyons ! dirait Eric Zemmour, l'écrivain devenu politicien qui n'est pas la tasse de thé de Maud et Anouk. Une police bien en peine de dire à la gérante si la pose des slogans "était illégale". Pour toute réponse, la police, bien servile, avoua "agir selon les ordres reçus." Oui ! C'est bien à Nice, la ville qui brigue le titre de Capitale Européenne de la Culture 2028, que la liberté d'expression d'une librairie, de surcroit, est bafouée. Nice qui fait la promotion d'un ministre de l'Intérieur accusé de viol même s'il est présumé innocent. En tout cas, ce n'est pas le souci majeur de Christian Estrosi, le grand ami politique de l'UDI Gilles Cima le violeur de la loi, et de Macron le casseur des Gilets Jaunes. Bof ! Ce n'est pas un commerce essentiel. Christian Estrosi aurait-il déjà oublié comment Hitler censura des livres qu'il ne jugeait pas "essentiels" dès sa prise du pouvoir en 1933 pour les brûler et, par la suite, déporter les auteurs qui ont le malheur de penser différemment ou d'avoir une religion qui ne lui convient pas. Lénine, Trotski et sa bande de pseudo libérateurs, les autres totalitaires sanguinaires, bâillonnèrent la liberté d'écrire et d'expression dès leurs prises du pouvoir en 1917. Auteurs maudits ? Direction le goulag !

En ce moment, il règne sur Nice un sentiment de crainte et de frayeur au point de raser les murs afin d'éviter d'être dénoncé.

Après la dictature du passe sanitaire, Nice est à nouveau sur une pente glissante.

Pour rappel, Sophie Patterson-Spatz avait accusé en 2009 Gérald Darmanin de viol, d'harcèlement sexuel et d'abus de confiance, avant que l'enquête ne soit classée en non-lieu au mois de juillet dernier.

Le 13 décembre 2022, les cogérantes de la librairie *Les Parleuses* et Hélène Devynck saisissent le Tribunal Administratif de Nice contre le ministère de l'Intérieur et la mairie de Nice, pour « *atteinte à la liberté d'expression, à la liberté de commerce et détournement de pouvoir.* » La date est symbolique. La Cour d'Appel de Paris examine le mardi 13 décembre 2022 l'appel de Sophie Patterson-Spatz contre le non-lieu prononcé en faveur de Darmanin dans l'enquête pour « viol ».

Chères féministes ! Avez-vous vu la vidéo du 9 mars 2023 qui crée un malaise auprès de quelques britanniques et, également, de beaucoup de Français encore non conditionnés par les croyants qui réduisent la femme en simple objet avec le soutien de La Nupès?

Au centre islamique Hayes, à Londres, l'imam, après avoir salué le prince William avec une poignée de main, a refusé de serrer celle de Kate Middleton, princesse de Galles qui s'était introduite dans la mosquée la tête voilée. À la place, il a posé sa main sur sa poitrine et lui a fait un léger signe de tête en souriant. La princesse a donc retiré sa main et a fait de même, en s'inclinant et en souriant. Avait-elle bien fait ou non de s'incliner et d'afficher un sourire de soumission, là n'est pas le sujet. L'Angleterre, un chaud partisan du multiculturalisme au point d'accepter les traditions musulmanes très éloignées des nôtres quitte à éviter de trop ébruiter les viols commis par des Pakistanais sur des jeunes filles blondes anglaises, ignore nos principes de laïcité.

Plusieurs amis anglais dont certains font parti de l'élite avouent piteusement, aujourd'hui, que mon constat dans les années 1973 durant mon séjour à Londres n'était pas fantaisiste.

C'est qu'ils ont du tact mes anglais.

Pas comme Mélenchon et sa bande.

Chères féministes ! Pensez-vous vraiment à une cohabitation paisible avec l'islam, en France, si des chauffeurs de bus ou de trains refusent de serrer la main de leurs collègues féminines.

Bizarre ! Vous me semblez bien silencieuses. Vous ne pourfendez pas ce coup de canif au respect et la dignité de la femme. Si vous acceptez sans broncher qu'une autre religion, une autre culture et des mœurs et des traditions différentes de la nôtre, si réductrices pour les femmes s'implantent et supplantent notre identité au point que la femme doit *s'incliner* devant tout musulman, affichez carrément la couleur. Dites-le ! Vous êtes fières d'être des islamo féministes. Votre combat est différent des vrais féministes. Elles, au moins, elles luttaient pour la liberté et l'émancipation de la femme.

Et si des progrès restent toujours à faire, force est de reconnaître que la femme est bien plus maltraitée en Iran, au Qatar, au Pakistan et dans tant de pays musulmans plutôt qu'en France où, hélas, une population nouvellement arrivée ou celle issue de la troisième génération qui suit de trop près les principes du Coran se pâme d'admiration, ainsi que les convertis encore plus radicaux, pour les talibans en Afghanistan.

14

Poutine et Zelensky

Le 24 février 2022, l'armée russe envahit l'Ukraine. Même si Poutine a des raisons légitimes – Les accords de Minsk de 2014 et d'autres, contractés précédemment, n'ont pas été respectés – l'agression caractérisée doit être signalée et condamnée.

En octobre 2022, l'armée ukrainienne a reconquis des territoires perdus et la ville stratégique de Kherson pourrait craquer face aux Ukrainiens qui sembleraient prendre le dessus.

Est-ce le prélude de la défaite prochaine de la Russie ? Peut-on envisager une fin de guerre ? Un possible retour à la paix ?

Je ne suis pas assez compétent pour émettre un avis. Cependant, au risque de surprendre et de contrarier des lecteurs, je pense que Poutine n'a jamais eu l'intention d'envahir toute l'Ukraine, encore moins la Pologne, la Roumanie, les États Baltes ou la Hongrie, comme les médias occidentaux le bassinent à longueur de journée.

Pour établir un tel constat, je me base sur l'enseignement prodigué par d'excellents professeurs au lycée et aux Langues Orientales, les livres des historiens, de politiciens, de journalistes spécialisés, au contact auprès de mes parents, de leurs familles en provenance de Hongrie, dont un est devenu un éminent diplomate, et de mon entourage. Si quelques uns sont des bornés indécrottables, d'autres ont une richesse intellectuelle incroyable et, parmi les brillants orateurs, certains déclament leur théorie du bonheur avec un talent indéniable et un culot monstre à la fin des années 1960. Ils réussissent à capter de jeunes crédules manquant de recul ou de repères comme les autres naïfs qui gobent si spontanément les thèmes très contestables du wokisme prônés par les trotskistes d'EELV en 2023.

Cependant, une précision s'impose auparavant.

Contrairement à la France, l'Angleterre ou les pays Scandinaves, les Russes n'ont jamais fait l'expérience d'une démocratique parlementaire. Ils sont passés directement d'un régime féodal sans pitié, où les serfs prédominaient, à une dictature communiste sanguinaire inédite qui renforce l'inégalité déjà évidente avec la royauté, en instaurant des magasins réservés uniquement à la petite minorité des membres du parti. La nouvelle caste de privilégiés bénéficie d'une profusion de produits rares, de vêtements élégants, et d'une nourriture de qualité. Elle incarne la noblesse sans l'élégance de style aussi bien dans le port du vêtement que dans la parole feutrée pendant que le peuple crève de froid, de faim et de misère.

Le communisme supprime la liberté de la presse, d'expression, de circulation. Aux orties le libre épanouissement intellectuel au profit du culte de la personnalité ! Les récalcitrants sont surveillés par le KGB, la police secrète mise en place par Béria le maléfique, puis Nikolaï Lejov, le psychopathe qui dirigeait le NKVD, la police politique, du temps des heures les plus macabres en URSS entre 1937-1938. Au moindre faux pas, direction la Sibérie.

À cette époque, même si notre modèle démocratique était en parfaite opposition avec l'austère et rigide modèle soviétique qui exerçait un pouvoir répressif sur une population soumise et apeurée, l'intelligentsia française, communiste à tous crins, ne s'offusquait pas du système soviétique équivalent à toute dictature militaire ou religieuse.

Parmi les raisons de la défaite de Napoléon en Russie, celle du général "Hiver" tient une place importante. Les troupes mal ravitaillées, de plus en décimées, affamées, mangeaient les chevaux abattus par les obus. La loi du grand nombre fit le reste. En 1870, la France fut terrassée par une armée plus nombreuse, mieux équipée et dirigée plus efficacement que le fanfaron maréchal Le Bœuf, fier de claironner « *qu'il ne manquait pas un bouton de guêtre.»*

L'Allemagne et ses alliés furent défaits en 1918 malgré le concours inattendu de la révolution Bolchévique en 1917. Les troupes allemandes comme celles de Napoléon en Russie avaient un sérieux problème de ravitaillement en raison des pénuries alimentaires. En plus d'être incapables de renouveler leurs armements à cause du blocus économique et commercial mis en place par les Anglais, les Allemands furent submergés par la loi du grand nombre avec l'arrivée de plus d'un million de soldats Américains pour culminer à plus de deux millions de troufions, enthousiastes et très bien équipées à la mi-novembre 1918. De plus, l'armée américaine, commandée par le général Pershing, était prête à poursuivre la guerre jusqu'en 1919 avec trois millions de guerriers jusqu'à Berlin.

Le souhait de l'Allemagne de vouloir cesser les combats sur le sol français est prudent à bien des égards. Les Allemands craignaient des représailles de notre part après s'être comportés odieusement avec la population civile et après avoir détérioré sciemment notre outil industriel dont la destruction de nos mines de charbon. En novembre 1918, les armées allemandes auraient enregistré environ 2 500 000 tués sur l'ensemble des fronts où elles avaient combattu. En plus d'une situation militaire vacillante, l'Allemagne devait faire face à une grave crise économique et à la menace de l'avènement d'un pouvoir communiste.

Cette situation se renouvela durant la seconde guerre mondiale.

Laissons les Historiens plus qualifiés que moi-même vous la détailler.

Je ne suis pas un expert en stratégie géopolitique. Mais ne pensez-vous pas que le staff de Poutine, encadré de spécialistes, ont comparé les avantages et les inconvénients d'envahir l'Ukraine. N'ont-ils pas en mémoire, avec plus de connaissances et de reculs que moi-même, qui doute sérieusement de voir une Russie envahir toute l'Europe, sur les conséquences d'une telle agression. Elle n'en a pas les moyens humains. Retenez la loi du grand nombre et souvenez de la vaillance du peuple hongrois, en 1956, vaincu seulement par la coalition de soldats Russes, Roumains, Polonais, Tchèques, Yougoslaves. Au nom de la sauvegarde des valeurs du communisme, ils se sont fondus sur les *fascistes* Hongrois.

C'est ainsi que le journal *L'Humanité* mentionna la tragédie qui se déroulait en Hongrie, des *Fascistes !* *L'Humanité* n'a pas évolué en 2023. Quand on veut simplement défendre la laïcité, le droit au blasphème, à la liberté d'expression et au maintien d'une France souveraine, vous êtes marqué du sceau de la honte, "Fasciste". En 1956, les États-Unis malgré leurs cris à la liberté lancés à profusion sur les radios libres émises de Vienne, n'étaient pas intervenus. La France et la Grande Bretagne, empêtrées dans l'affaire de Suez et forcées de se retirer par les Américains complices des Russes, n'avaient aucun moyen de les secourir.

Si j'étais Zelensky, je me méfierai des Américains. Après avoir bien armé Saddam Hussein, ne l'avaient-ils pas lâché ?

Ainsi, mon intuition est différente de la propagande de nos médias.

Un pays peuplé seulement de 141,7 millions d'habitants (données 2023), en déclin démographique puisqu'en 2018, il était de 144 millions d'êtres humains, ne peut pas asseoir sa domination sur un si vaste territoire. Surtout avec l'aide militaire considérable des États-Unis, le principal fournisseur d'armements à la pointe technologique redoutable, de l'Angleterre, de la France et récemment de l'Allemagne qui songe à se réarmer.

Lors de la première bataille de Kharkov qui débuta en octobre 1941, l'industrie russe a été démontée grâce au sacrifice de la 216è division soviétique pour permettre à quelques dizaines de milliers d'ouvriers et de spécialistes, accompagnés de centaines de milliers de civils, de s'enfuir vers l'est avec les machines, les outillages et les stocks les plus précieux où, trois mois plus tard, ils permettront le redémarrage de la production en lieu sûr. À Kharkov, où il ne restait que les murs, les allemands subirent également des pertes humaines considérables. Le troisième affrontement qui s'acheva le 30 mai 1942, marque la dernière victoire allemande contre les Russes. Une victoire mitigée cependant. Si les images de la propagande nazie montrent un nombre considérable de prisonniers et de matériels capturés, la population allemande constate l'énormité du potentiel militaire bolchévique. Ceci laisse deviner que les livraisons de matériels anglais et américains a déjà atteint un très haut niveau. De plus, dans la nuit du 30 au 31 mai 1942, le bombardement de

Cologne par les Britanniques – le premier mené avec 1 000 appareils – balaie en un instant les efforts de propagande de Goebbels.

De quoi briser l'optimisme des troupes allemandes.

En se référant à l'histoire, aux succès et aux échecs des pays vainqueurs ou vaincus, je vois deux possibilités (en toute modestie naturellement) pour mettre un terme à l'agression de la Russie sur l'Ukraine.

La première hypothèse.

La Russie n'a plus les capacités industrielles pour produire des armements pour les militaires et des machines agricoles pour nourrir sa population y compris ses soldats. Le blocus voulu par les Etats-Unis et l'Union Européenne font vaciller la Russie. Les certitudes du stratège Bruno Le Maire du 1er mars 2022 sont devenues une réalité : *« Grâce aux sanctions, d'une efficacité redoutable, où le peuple russe en paiera aussi les conséquences, l'économie russe s'effondrera. D'ailleurs on voit déjà les effets. Le trésor de guerre de Poutine est déjà réduit à presque rien. »*

C'est une évidence. On ne combat pas le ventre vide.

Dans ce cas, les Russes imiteront les Allemands en 1918. En quittant le front de l'Est pour rejoindre le front de l'Ouest, les Allemands affamés constatèrent avec stupeur que la population de leur pays d'origine, miné par les désolations, avait le moral en berne. Le blocus économique et commercial opéré par les Anglais avait bien fonctionné. En 2023, les Russes, contraints et forcés, abandonnent les quatre États considérés être leur Alsace et Lorraine.

Avec des répercussions éventuelles aussi tragiques qu'en 1905. Suite à leur défaite face aux Japonais, l'avènement du communisme fut le prélude à la chute du Tsar, obstiné à vouloir garder ses prérogatives.

La seconde possibilité.

Les Russes ont les ressources suffisantes et renouvelables pour s'y maintenir. Si leur but consiste à vouloir conserver ces quatre États, comme je l'estime, ils entament les négociations de paix en position de force, sans trop tenir compte de l'avis de Zelensky qui refuse toute négociation. L'alerte du FMI du 11 octobre 2022 : « la récession économique en Russie sera moins forte que prévu en 2022 et 2023 », est un mauvais tour supplémentaire pour Macron.

En France, les prix de quelques aliments essentiels ont subi une inflation supérieure à 50% en mars 2023 et celui de l'électricité, une hausse vertigineuse de 200% voire jusqu'à 1 200%. Bruno Le Maire et Elisabeth Borne ne s'avouent pas pour autant vaincus en suggérant de *"porter un col roulé* !*"* ou *"*d'*endosser une Doudoune* !*"* afin de compenser nos défaillances. D'ici qu'une équipe d'experts recommande à Marlène Schiappa d'inciter les Français à prendre une douche collective une fois par semaine.

Cependant, avant d'arriver à de tels extrémités, des dirigeants de pays neutres devraient intervenir auprès des deux belligérants afin de trouver le meilleur compromis qui respecte leurs intérêts communs et n'humilie pas un pays. Aujourd'hui, à la différence des conflits précédents, il ne faut pas accorder trop d'espace aux gens qui souhaitent la capitulation totale de la Russie ou la destitution de Poutine avant tout préalable de négociations – on a vu les résultats catastrophiques en Irak, en Libye et en Iran du temps du Shah. Il ne faut pas sous estimer le risque du danger nucléaire. Ce n'est pas être "Munichois" que de souhaiter éviter, à tout prix, une déflagration mondiale. Qu'il faut s'épargner d'un engrenage fatal comme en 1914. Naturellement, sans perdre de vue que les accords de Minsk, signés en 2014, n'ont jamais été respectés. Un aveu révélé bien tardivement par la Chancelière allemande Angela Merkel et le falot Président François Hollande en 2022. N'ont-ils pas honte d'avouer ouvertement leur rouerie en renforçant militairement l'Ukraine et en laissant les Ukrainiens canarder les Russes du Donbass. Ce qui permit aux sociétés américaines d'étendre leur domination en Europe de moins en moins autonome en rachetant au moins 30% de la production de blé en Ukraine. Une déclaration que François Hollande renouvelle à nouveau le 6 avril 2023 après s'être fait piéger sur *CSTV* face au faux Président Petro Porochenko : « *Il faut expulser les Russes de la Crimée et du Donbass* ».

Je vous ai exposé mon point de vue historique.

J'ai d'autres bonnes raisons de douter de la Russie après les révélations de ma famille et d'autres personnes.

Les quelques gros tracas administratifs enfin résolus, mes parents quittent finalement une Hongrie meurtrie et déshonorée – elle fut l'alliée de l'Allemagne nazie -, pour se rendre en France. Avec beaucoup de soulagement, surtout pour ma mère, ils posent leurs valises à Roubaix en septembre 1946, une ville qui, malgré les stigmates de la guerre, offrait un visage bien différent de celui que vous rencontrez malheureusement aujourd'hui.

Je suis né en France le 9 mai 1948, le même jour et le même mois que ma mère. En 1952, après avoir séjourné pendant quatre ans au Vésinet, mes parents prennent possession, à Eaubonne, d'une somptueuse maison en pierre meulière. Les murs vibraient au son des diverses chansons folkloriques de la plaine centrale du Danube quand de nombreux Hongrois affamés venaient se requinquer chez nous.

C'est en 1956, année de la révolte à Budapest du peuple hongrois contre le tortionnaire régime communiste, que j'entendis pour la première fois une personne évoquée en Hongrois des faits d'une cruauté incroyable commis par les nazis hongrois qui remontaient bien avant la mainmise définitive des communistes sur la Hongrie au lendemain de la seconde guerre mondiale.

En Hongrie, des scènes atroces débutent dès le mois d'avril 1944 dans les provinces hongroises, lors des regroupements des Juifs dans les synagogues principalement. Ils sont conduits vers le camp de la mort ou du travail pour les plus solides – L'Allemagne était en manque crucial de main d'œuvre. Ces exactions qui m'ont profondément marquées expliquent mon aversion envers le nazisme : Ni oubli, Ni pardon.

Ce que j'ai entendu ce dimanche 1956 à Eaubonne en plus des atrocités du nazisme justifie également mon rejet du communisme.

À Budapest, en 1945, lorsque Ferenc Szalai, le chef des Croix Fléchées, le parti nazi hongrois, s'empara du pouvoir, la chasse aux Juifs se déroula dans des conditions effroyables. Malheur à ceux qui n'avaient pas eu la chance de s'en échapper, de se réfugier ou d'être secourus par des âmes charitables.

Une famille juive et communiste réussit à se soustraire des Croix Fléchées grâce à la bravoure de mon grand-père paternel Géza Hajos. Il les hébergea et les nourrit au péril de sa vie et de celui de sa femme. L'humaniste fit preuves d'imagination pour ne pas se faire repérer.

Au lendemain de la fin de la seconde guerre mondiale, dès 1946, Gabor Péter, le pourchassé sauvé par mon grand-père paternel, endossa l'uniforme de la maltraitance pour devenir le Chef de la police secrète communiste de Hongrie. Pire ! C'est dans le même bâtiment de la rue Andrassy où les Croix Fléchées torturaient, que l'AVH, la police secrète communiste de Hongrie, poursuivait les sévices, toujours sans état d'âme.

La souffrance reste la même que les sales et basses besognes soit nazies ou communistes.

Intéressé par l'histoire de la Hongrie à la fin des années 1960, j'ai appris comment le soulèvement légitime des Hongrois en 1848 faisant suite aux journées parisiennes fut, après maintes difficultés, sur le point de l'emporter contre le pouvoir despotique de l'Empereur d'Autriche.

Ce dernier, soucieux de conserver ses privilèges sur la Hongrie, appelle à la rescousse le Tsar Nicolas 1er dont les troupes russes répriment durement le peuple hongrois.

Terminé le beau rêve de Lajos Kossuth pour plus de libertés, tant d'un point de vue sociétal, économique et intellectuel. Que peut faire un minuscule pays contre la loi du grand nombre. L'empire Austro-Hongrie maintenait son union pour le meilleur et surtout pour le pire, car durant les deux guerres mondiales, la Hongrie choisit chaque fois le mauvais camp. Avec des conséquences funestes.

En avait-elle le choix ? Des historiens ou des écrivains Hongrois et Français, beaucoup plus férus que moi, vous expliquent mieux les multiples causes et leurs conséquences. Toutefois, le traité de Trianon en 1920 fut négocié sur la base de documents falsifiés et que le découpage injuste, douloureux et discutable peut contribuer à une rancœur légitime de la part des Hongrois désireux de reprendre ses territoires millénaires.

Gardons en tête l'Alsace et la Lorraine annexées par Bismarck en 1870.

C'est au lendemain de ce traité de la honte que le premier gouvernement communiste de Bela Kuhn vit le jour en Europe, hormis la Russie. Il fit preuve d'un autoritarisme et d'un sectarisme sanguinaires au point d'exécuter de nombreux Hongrois. Robespierre, le redresseur des torts en 1794 et 1995 encensé par la LFI, aurait apprécié.

Hélas, la réaction à ces horribles exactions fut encore plus violente de la part des troupes de l'Amiral Horthy. Les exécutions, encore plus nombreuses, surtout à l'égard de la population juive hongroise puisque pratiquement tous les membres du gouvernement communiste étaient de religion juive.

En plus, le gouvernement d'Horthy établit le numérus clausus qui différencie un Hongrois de religion juive des autres religions. Une première en Hongrie, alors que jusqu'à présent c'était la langue hongroise qui unifiait la Nation. Dans un pays où les pogroms étaient inexistants, les Juifs, en Hongrie, se sentaient d'abord Hongrois, puis Juifs, à la différence de ceux vivant en Ukraine, en Pologne, en Russie et d'autres États environnants. Si bien que, dès le 19è siècle, des Juifs se sauvaient de leurs pays d'origine, contrairement aux Juifs hongrois, pour se rendre aux États-Unis principalement, dans l'ancienne terre d'Israël nommée la Palestine par les Romains ou, tout simplement, se fixer en Hongrie.

Durant la seconde guerre mondiale, la Hongrie, encore abonnée au mauvais camp dès 1938, tellement elle voulait récupérer des territoires où vivait une forte majorité de Hongrois, est envahie par l'armée allemande en mars 1944. La solution finale, théorisée par Reinhard Heydrich, un des principaux concepteurs de l'idée macabre avec Himmler et Rosenberg, qui fait des ravages dès l'envahissement de la Pologne en 1939, puis en Belgique et en Hollande, s'abat sur les Juifs hongrois, avec une violence et une brutalité inqualifiables, mais surtout avec une rapidité extrême. Épargnés avant le déferlement des soldats Allemands par la volonté de Horthy qui refusait de remettre ses Juifs à Hitler, des centaines de milliers de juifs hongrois furent expédiés dans des conditions atroces vers Auschwitz entre mai 1944 et fin août 1944.

Le Pape, pourtant au courant depuis au moins plus d'un an des camps de la mort, intervint bien tardivement durant le mois d'août 1944.

Aujourd'hui encore, je saisis mal les réticences des alliés au courant des camps de la mort de ne pas avoir bombardé les voies ferrées qui conduisaient à l'enfer d'Auschwitz.

Désolé de contredire les analyses admises, la raison de vouloir finir au plus vite avec le nazisme est discutable et contestable. La raclée infligée par les Russes aux Allemands à Stalingrad au début 1943 fut le début de leur défaite prochaine, car à partir de cette date, les troupes du Reich n'ont cessé de reculer. En mars 1944, les Allemands ayant décampé de la Russie et de l'Italie, ceci prouve leur défaite imminente.

Épargnez-moi l'excuse de vouloir préserver des civils. En France, après les premiers sabotages des voies ferrées par des résistants français, dès que les alliés furent en capacité de réagir, ils lâchèrent massivement, sans état d'âme, leurs bombes sur les voies ferrées, les voies de communications, toutes les usines et les centres urbains qui concourraient à la machine de guerre allemande sans tenir compte de la présence de civils. Les bombardements exécutés froidement par les Anglais, les Canadiens, les Australiens et les Américains s'intensifièrent au fur et à mesure de leurs progressions pour bouter l'ennemi hors du sol de France. Ils seraient la cause de la mort d'environ 60 000 civils. À Toulon, par exemple, le bombardement effectué par les Américains le 11 mars 1944 pour couler deux sous-marins fit 71 morts et 130 blessés.

Saboter les voies ferrées qui mènent dans le camp de la mort était donc le premier devoir d'humanité à porter envers des gens à qui on avait retiré la qualité d'êtres humains pour les transformer en numéros.

Oui, dans un pays déjà vaincu, à bout de souffle, allié de l'Allemagne de surcroît, on aurait sacrifié des centaines de milliers de juifs pour ne pas mutiler quelques centaines de Hongrois. Foutaises ! Les Hongrois pouvaient être préservés si les alliés avaient balancé des tracts avertissant la population hongroise de ne pas participer à la boucherie. Les Américains l'avaient bien appliqué pour la population japonaise avant de larguer la première bombe atomique à Hiroshima, puis la seconde sur

Nagasaki. Dans ce cas, pensez-vous que beaucoup de Hongrois, ainsi prévenus, prenaient le risque de mener à l'abattoir d'autres Hongrois coupables d'avoir une religion différente ? Car il faut vraiment être endoctriné pour persister dans la poursuite de l'horreur et au renoncement du respect de soi-même, ou être un pilote kamikaze.

Je ne suis pas le seul à avoir des doutes sur la Russie.

Les Ukrainiens gardent en mémoire l'Holodomor, un terme qui exprime l'extermination par la famine provoquée à cause de la collectivisation forcée par l'odieux régime communiste soviétique en 1933 et 1934, afin de masquer leur échec économique dès 1921 au point de faire près de cinq millions de victimes d'après les Historiens. Bruno le Maire devrait le garder en mémoire car en avril 2023, en France, en raison de l'envolée des prix, des supermarchés mettent des antivols sur des produits alimentaires même à un euro. Une hausse vertigineuse des prix qui n'est pas due seulement au conflit en Ukraine mais aux limites de l'organisation de l'Union Européenne qui retarde chaque jour davantage leur échec patent à l'instar du communisme.

Les Polonais aussi. Sans remonter à la nuit des temps, le pacte Germano Soviétique en 1939 rayait la Pologne de la carte une nouvelle fois, et ce n'est pas l'instauration du communisme en 1945 sous le contrôle des Russes qui atténue leur rancœur. Cependant, les Polonais doivent garder en mémoire que les Ukrainiens s'étaient très mal conduits vis-à-vis d'eux entre 1939 et juin 1941, date du retournement d'Hitler. Comme les Tchèques devraient se souvenir de l'amabilité des Polonais à leur égard quand Hitler envahit les Sudètes en 1938.

Quelques Français libres et indépendants critiquent aussi le diabolique pacte Germano Soviétique car, dans un premier temps, les membres du parti communiste français et ses adhérents se sentaient d'abord communistes au point de saboter notre tissu industriel de l'armement en devenant les lâches complices de l'odieux Staline.

***

Le 26 septembre 2022, les médias sont bien silencieux pour révéler le sabotage de Nord Stream 1 et 2. Un tel événement avec des répercussions inimaginables méritaient une autre considération pour l'avenir de notre pays. Les grands médias ne mentionnent pas en première page l'enquête ouverte sous la conduite de la Suède et du Danemark avec un droit de regard de l'Allemagne et de la Norvège seulement et non de la Russie, pourtant concernée par ses canalisations plastiquées. Elle n'est pas autorisée à participer à l'enquête et n'a pas le droit de recevoir les éléments de communications de l'enquête. Le principe même du contradictoire est bafoué dès le début et la Presse ne s'en offusque pas. À moins que l'enquête a pour but "d'enterrer" et d'étouffer toute affaire gênante afin de ne pas découvrir la vérité. Emmanuel Macron a bien retenu les leçons de sa professeure de Français quand elle dissertait sur Paul Valéry : *La politique est l'art d'empêcher les gens de se mêler de ce qui les regarde.*

Posons-nous la question : à qui profite le crime ?

À la Russie, l'Allemagne, l'Autriche, l'Angleterre, la France où des entreprises de ces quatre derniers pays étaient partenaires de Gazprom. Ou plutôt aux États-Unis qui peuvent enfin nous refiler leur gaz de schiste dont le prix de revient est bien plus élevé que celui du gaz russe et, également bien plus polluant sans que ça n'incommodent les Verts, Macron et son homologue Allemand. Les deux discrets hommes d'État n'exigent pas des explications et les journalistes, peu curieux, évitent de titiller Joe Biden.

Avec ce grave incident, le degré de bassesse de la part de nos médias et l'état de vassalisation de l'Europe vis-à-vis des États-Unis sont mis à jour une fois de plus. Ceci risque d'avoir des conséquences catastrophiques pour l'Europe, principalement pour l'Allemagne, un pays encore fortement industrialisé par rapport au nôtre, puisque la part de l'industrie dans notre PIB est tombée à 9% et est une des plus faibles en Europe.

Le 13 novembre, les soldats Ukrainiens récupèrent la ville stratégique de Kherson, délaissée par les Russes qui s'étaient repliés en bon ordre.

Les Américains annoncent 100 000 morts côté Russes. Info ou intox ? Méfions-nous de la désinformation. Philippe Henriot, le « Goebbels français », le maître absolu de la propagande de Vichy, affirmait sur les ondes de Radio Paris, un mois après le débarquement réussi des Américains sur les côtes de la Manche, que les Allemands repoussaient les forces alliées. Les Américains prétendaient que Saddam Hussein possédaient des armes extrêmement létales pour justifier une invasion illégale et massacrer en masse la population Irakienne.

Deux jours plus tard, un missile tombe en Pologne et fait deux morts. Très vite, Joe Biden prévient : « Le missile fut balancé accidentellement par l'Ukraine. » Malgré tout, Zelensky nie la réalité ; il accuse la Russie. Macron qui ne cherche pas à raisonner le fou furieux ne semble pas prendre conscience que l'extension du conflit risque d'être encore plus meurtrière qu'en 1914 ou en 1939 en raison du danger nucléaire.

Le 21 novembre, Volodymyr Havrylov, vice-ministre ukrainien de la Défense, envenime la situation, en affirmant en direct sur *LCI*, espérer intervenir en Crimée d'ici la fin décembre. Si la lutte fratricide se prolonge avec une chute complète de la Russie, au point de l'acculer, comme le prétendent Zelensky et Biden, craignons une déflagration nucléaire.

Coup de tonnerre ! Seymour Hersh, un des journalistes d'investigations les plus célèbres aux États-Unis, il est celui qui avait révélé les massacres de Mi Laï le 16 mars 1968 causés par les soldats américains, affirme sur la plateforme d'autoédition Substak du 8 février 2023, relayée par *Courrier international* que Washington a saboté Nord Stream 1 et 2.

Un tel scoop aurait dû faire le lendemain la une de tous nos journaux. Hélas, nos médias ne sont plus un véritable contre pouvoir. La Russie en profite pour qualifier immédiatement Joe Biden de˝terroriste˝.

En tout cas, elles ont le don de réveiller une affaire que les Européens avaient l'air de vouloir oublier. En juin 2022, selon une source anonyme, une opération préparée dans le plus grand secret durant neuf mois par la CIA à la demande de Joe Biden, des plongeurs de la marine militaire des

États-Unis, avec le soutien logistique de l'armée norvégienne, auraient placé des explosifs C4 près des gazoducs reliant la Russie à l'Allemagne, en mer Baltique. Washington aurait trouvé un moyen de les déclencher à distance. "La question n'était pas de savoir si cette mission aurait lieu mais comment″, écrit Seymour Hersh.

Le 26 septembre 2022, un avion de l'armée norvégienne a balancé une bouée sonar.

Le gazoduc servait d'abord les intérêts de l'Allemagne et de la France. Pour autant, ces deux pays ont-ils saisi le conseil de sécurité de l'ONU pour demander une enquête internationale ? Surtout que Joe Biden avait prévenu que si les Russes envahissaient l'Ukraine, il s'en prendrait à Nord Stream 2.

Sachez que les Américains sont coutumiers de telles exactions. Reagan fit exploser le 13 septembre 1982 le gazoduc Siberia. Le procédé honteux fut tenu au secret jusqu'en 2004, date de la divulgation des faits exacts par le Washington Post. De même pour l'explosion du gazoduc au Nicaragua le 13 septembre 1983. Malgré ces révélations, Macron, l'UE et nos médias sont bien fades devant l'ogre américain qui régente le monde.

Le 20 février 2023, sur *Sud Radio*, Caroline Galacteros, docteur en sciences politiques, colonel dans la réserve opérationnelle des Armées, donnent une version totalement différente de nos médias nationaux sur ce qui se passe en Ukraine. Elle rappelle que la guerre a démarré, en fait en 2014, voire bien avant. Que le mensonge a remplacé le réel. Elle pointe la naïveté, voire la niaiserie de Macron qui veut « vaincre la Russie sans l'écraser. » Elle rajoute que l'armée ukrainienne aurait de gros problèmes de ressources humaines et cite les chiffres de la Mossad communiqué par des médias turques qui correspondent aux chiffres des Américains.

Il y aurait 157 000 soldats morts ukrainiens et 18 000 décédés du côté russe. D'après l'ONU, ce serait 70 000 blessés ukrainiens contre 13 000 blessés russes.

Ces chiffres sont à l'inverse de la propagande qu'on nous débite à longueur de journées. N'oublions pas celle du 13 novembre 2022, 100 000 soldats russes morts.

Pour Caroline Galacteros, l'Ukraine est très mal engagée militairement à la différence de la Russie et serait déjà en morceaux. L'Europe connaîtra de terribles déconvenues si elle continue à s'accrocher trop aux Américains. Ils s'ingèrent dans le monde entier sous couvert de démocratie favorisant l'extraterritorialité du droit américain. L'Europe doit prendre conscience que nous sommes entrés dans un monde de multipolarité où les États-Unis devront cesser de régner en maître afin de dominer et d'asservir le monde entier. Surtout que d'autres monnaies se font jour face au dollar tout puissant.

Au sujet d'une vidéo de l'Associated Press, où il apparait des combattants arborant des sigles de Daesh aux côtés des soldats ukrainiens, elle reste prudente. En revanche, elle est certaine que beaucoup de soldats polonais ont revêtu des uniformes ukrainiens. On avancerait un chiffre incroyable de 50 000 soldats. Info ou intox ?

De plus, ce qui est mon point de vue également depuis avril 2022, elle estime que la Russie a des ambitions territoriales qui se limiterait à la Crimée et au Donbass, deux régions qui sont, avant tout, peuplées de Russes, voire un autre bout de territoire situé à l'est de l'Ukraine.

L'économiste Jacques Sapir abonde aussi dans le sens de Caroline Galacteros en pointant l'amateurisme et l'arrogance de Bruno Le Maire. Ce dernier a carrément sous-estimé l'économie russe. L'industrie russe, plus importante que celle de l'Allemagne, n'a jamais été menacée d'effondrement.

Sur ce que j'ai appris de l'Ukraine et sur Babi-Yar, j'ai toujours eu une méfiance vis-à-vis de ce pays. Aussi je partage l'avis de l'avocat Arno Klarsfeld même si, sur d'autres points, je suis en désaccord avec lui. Il est pour une Europe fédérale, je suis partisan d'une confédération et, vu l'état actuel de soumission de la France et le positionnement arbitraire de l'UE, une Assemblée non élue par le peuple, carrément pour la sortie de cette Europe qui nous étrangle.

Arno Klarsfeld ne veut pas dans l'Union Européenne d'une "Ukraine qui n'a pas fait son examen de conscience par rapport à son passé et qui vénère des génocidaires". Il est très remonté contre BHL le philosophe qui écrit l'histoire comme ça l'arrange. "Contrairement à la Russie, l'Ukraine s'était engagée dans le travail de mémoire et de deuil de la Shoah, comme on peut le voir à Ouman et Babi-Yar." Des propos vivement dénoncés par Arno Klarsfeld qui accuse BHL de mettre un grand couvercle sur l'histoire antisémite de l'Ukraine. Il en veut pour preuve la vénération du pays pour des personnages "génocidaires."

Il y a 30 ans, Stepan Bandera, qui a appelé au meurtre des milliers de Juifs, était considéré en Ukraine comme un assassin, alors qu'aujourd'hui, il est érigé en héros national. La plus grande avenue de Kiev, longue de cinq kilomètres et qui mène au site de Babi-Yar, porte son nom. Quant à la prolongation de cette avenue, elle a été nommée Roman-Taras Yosypovych Shukhevych, qui était encore pire que Bandera. Il a fait assassiner des dizaines de milliers de Polonais juifs et civils.

Et pourtant, ces deux odieux personnages ont des stèles à leurs noms.

Le gouvernement ukrainien qui a réhabilité l'assassin Bandera et passe sous silence le génocide des Juifs se justifie en prétextant que ce dernier a combattu les Soviétiques. Ce fait historique bien réel est bizarrement caché par nos médias. Ils ne parlent pas du nazi Bandera qui a tué tant de Juifs.

Le journaliste Régis Le Sommier s'étonne aussi de toutes les vertus attribuées à l'Ukraine. Avant la guerre c'était un des gouvernements le plus corrompu au monde. De nombreux articles l'attestaient dans les mêmes papiers qui l'encensent aujourd'hui.

Le 3 avril 2023, la mairie de Bahkmout serait occupée par les Russes malgré un démenti de Kiev, quatre jours plus tard. Zelensky qui refuse d'accepter la suggestion du Président Brésilien de laisser la Crimée à la Russie se prépare à une contre offensive qui va renverser la tendance. En a-t-il vraiment les moyens, car d'après des documents du Pentagone qui ont fuité le 10 avril, l'Ukraine pourrait être à court de missiles anti-aérien d'ici mai. Une semaine plus tard, l'Ukraine laisse entendre qu'elle *"pourrait être disposée à faire des concessions, notamment en ce qui concerne l'avenir de la Crimée, qui est déjà fermement aux mains des Russes depuis 2014."*

Dans ce cas, il conviendrait de dissuader les Anglais d'envoyer des armes à uranium appauvri, car les conséquences du cancer sur les enfants sont des menaces à prendre très au sérieux. Que les Anglais ne se conduisent pas aussi ignoblement que les Allemands durant les derniers mois de 1918. Ils avaient saccagé les champs de blé dans le Nord de la France, bousillé nos mines de charbon avant de déguerpir et massacré des civils.

Conclusion

La réforme des retraites imposée dans la douleur, suite aux directives de l'UE en 2019 et 2020, est l'exemple type de la perte de notre souveraineté. Elle symbolise nos manquements sur l'éducation, l'économie, l'autorité, la santé, l'intégration ou la politique étrangère et notre fuite en avant, comme au temps des pires heures du communisme. L'échec cuisant de l'intégration d'une population aux traditions, aux mœurs et à la religion différente des racines de la France qui remontent à plus de 1 500 ans est un autre facteur de la perte de notre identité, de notre civilisation et de notre culture.

Aujourd'hui, le choix est simple.

Continuer à nous dissoudre dans une Europe aux ordres des technocrates de Bruxelles qui veulent intégrer la Turquie, ou retrouver notre indépendance dans le cadre d'une confédération européenne.

Pap N'Diaye ferait mieux de favoriser l'enseignement de la physique quantique et le développement de l'Intelligence Artificielle, plutôt que de s'occuper de l'éducation sexuelle à l'école dès l'âge de dix ans.

Ce sont deux enjeux primordiaux si la France refuse d'être à la remorque des nations les plus avancées, mais dont nous devons nous méfier des avantages des progrès scientifiques car ils peuvent devenir un danger pour nos libertés. En Chine, le gouvernement communiste musèle son peuple et Macron fit de même lors de la crise du Covid.

Pour cette raison, si des faits graves se déroulent dans de nombreux territoires en France en raison d'une immigration incontrôlée, le drone ne doit pas être utilisé dans la surveillance ou le repérage des délinquants. Les dérives si bien illustrées dans *1984* de George Orwell démontrent bien les atteintes possibles à nos libertés si chèrement acquises.

Est-ce vraiment le type de société que nous voulons offrir à nos enfants, de plus en plus nombreux à ignorer nos racines judéo-chrétiennes, notre civilisation, nos traditions et notre histoire tant on veut l'effacer afin de faire cohabiter de force d'autres mœurs, d'autres genres et une religion pratiquement inexistante en France cent ans auparavant ? Une société avec une école pour les gueux où le professeur ne se sent plus en sécurité, et l'école Alsacienne de Paris ou le très réputé lycée des Chartreux de Lyon situé dans un ancien couvent de moines Cisterciens pour une élite mondialisée ?

La France est-elle encore le pays de la libre expression si tant de nos œuvres sont censurées ou dénaturées ou si des synagogues et des églises sont saccagées et, comme dernièrement le 12 avril à Angers aux lendemains des célébrations de Pâques, si des statues de l'église Sainte-Marie-Madeleine ont été décapitées, des croix cassés et le maître-autel central détruit.

En ce début du mois d'avril 2023, Caroline Galactaros maintient ses affirmations du 20 février. Les États-Unis sont responsables de ce qui se passe depuis plus de trente ans en intervenant sans mandat dans le monde. À Bahkmout, ses estimations sur les pertes de 1 à 8 sont à l'inverse de celles de nos médias, il y aurait entre 300 et 500 blessés et morts côté Ukrainiens contre 50 et 100 côté Russes. Le plan, en douze points proposé par les Chinois, fut refusé par les Américains, les seuls détenteurs de la vérité et du bien. Poutine ne s'en tiendrait qu'à la Crimée et au Donbass, peut-être une pointe jusqu'à Zaporijjia. Si je ne suis guère compétent pour les chiffres annoncés, en revanche, je rejoins son analyse analogue à la mienne au sujet des territoires annexés, tout en précisant que je me suis toujours méfié des Russes, encore plus des Ukrainiens pour des raisons liées à ma famille d'origine hongroise.

Mais en même temps, je constate une soumission de la France à l'Union Européenne comme vient de le démontrer Macron parti en Chine avec Ursula Von der Leyen et une vassalisation croissante vis-à-vis des États-Unis. Il se permet de parler au nom de l'Europe pour bien montrer notre perte de souveraineté, mais c'est en son nom qu'il demande à Xi Jinping de *"ramener les Russes à la raison"* et qu'il affirme que

˝*soutenir l'agression reviendrait à le rendre complice.*˝ De quoi faire sourire le Président Chinois. Pitoyable Président Macron ! Il oublie que le déficit commercial de la France est de 84,7 milliards d'euros dont près de 40 milliards d'euros avec la Chine, alors qu'il était de 5 milliards d'euros en 2000 avec les Chinois,

Le 14 avril 2023, le journaliste d'investigation Seymour Hersh relaie une estimation des analystes de la *Central Intelligence Agency* (CIA), Zelensky et son entourage ont détourné au moins 400 millions de dollars transférés à Kiev pour l'achat de carburant.

Serait-ce la fin du comédien ?

Souhaitons une conclusion rapide à ce conflit territorial.

N'oublions pas que les premiers dangers qui minent la France sont le wokisme, la cancel culture, le mondialisme et l'islamisme.

Le 14 avril 2023, le Conseil Constitutionnel après avoir approuvé toutes les mesures liberticides de Macron : les confinements, les couvre-feux, la vaccination des enfants, l'état d'urgence, le passe sanitaire et le passe vaccinal, a validé l'essentiel de la réforme des retraites, grâce à la complaisance des LR à l'Assemblée nationale et au Sénat.

Report de l'âge légal de départ à 64 ans : validé.

Index seniors : censuré.

La procédure de référendum d'initiative partagée : rejetée. La loi a été promulguée cette nuit par Emmanuel Macron.

Cette claque était prévisible car depuis le traité de Maastricht, le Conseil constitutionnel ne fait plus que de la politique.

Les textes juridiques de 1976 sur les limitations et transferts de souveraineté ont été dénaturés : « ... *aucune disposition de nature constitutionnelle n'autorise des transferts de tout ou partie de la souveraineté nationale à quelque organisation internationale que ce soit.* »

Que le taux d'abstention de 30,8% aux élections législatives en 1993 soit passé à 52,5% à celles de 2022, n'est point surprenant.

Syndicats et politiciens de Gauche ! Cessez de vous plaindre.

Pour une fois que Macron ne vous avait pas pris par traîtrise, vous appeliez les Français à voter pour l'autocrate. De plus, vous savez que les neuf membres du Conseil Constitutionnel sont nommés par le Président Emmanuel Macron, par la Présidente de l'Assemblée nationale Yaël Braun-Pivet et par le Président du Sénat Gérard Larcher, celui qui a voté les lois sur la retraite.

Sont-ils tous indépendants, vertueux et recommandables ?

Je conseille aux lecteurs d'éplucher leurs parcours et leurs condamnations afin qu'ils saisissent la forme de duplicité entre Macron et ses prétendus défenseurs des travailleurs.

Le Conseil Constitutionnel devrait être l'apanage de juristes et de spécialistes universitaire, voire de sages, mais pas de politiques susceptibles de bidouillages et d'interprétetations orientées afin de conforter les directives de l'Union Européenne.

Le 10 avril 2023, Eric Ciotti signale « *l'arrivée de deux escadrons de gendarmerie en renfort pour contenir un véritable raz-de-marée migratoire à la frontière avec l'Italie* ». Les Français sont conscients que ces effets d'annonce sont inutiles. Le mal est beaucoup plus profond et il s'est considérablement aggravé suite à l'aveu de Gérard Collomb le 11 novembre 2022 : « *Le Conseil européen avait lancé l'idée de ˝centres contrôlés˝ pour accueillir les migrants… Emmanuel Macron s'y montrant l'un des plus favorables… Il propose alors (en 2018) d'ouvrir un tel centre soit à Toulon soit à Marseille.* »

En ce jour de Pâques, il aurait mieux fait de laisser de côté la *petite poloche* selon les termes crus du ministre de la Justice mis en examen et dont son bras d'honneur à l'Assemblée nationale n'avait pas autant défrayé la chronique que la simple remarque de Gérard de Fournas au sujet d'un bateau transportant des migrants illégaux. Ainsi, le député LR jugera mieux de l'utilité de la demande des députés RN d'une commission d'enquête sur les nombreux détournements du Fonds Marianne et les malversations supposées de Marlène Schiappa.

Le plan de relance de l'UE suite aux dégâts du Covid coûte finalement au moins 66 milliards d'euros à la France. Elle a emprunté 80 milliards d'euros à taux variable qui ne cesse d'augmenter et non à taux fixe, pour recevoir seulement la somme de 37,4 milliards d'euros en 2022 qu'elle ne peut utiliser librement. La France doit exécuter les recommandations ordonnées par Bruxelles. Le coût des intérêts, à cause des taux d'émission à 3%, serait de 15 milliards d'euros d'après un rapport du Sénat, soit plus que les économies escomptées avec la réforme des retraites qui ne nécessitait aucune urgence.

Français ! Si vous achetez un logement aujourd'hui, opterez-vous pour un taux variable à 3% comme Bruno Le Maire, l'éminent ministre de l'Économie, le roi du calcul, l'a fait pour l'emprunt Covid et dans le respect du cadre de l'UE de surcroît, ou un taux fixe à 0,2% à l'instar de Charles-Henri Gallois, un autre spécialiste de la finance.

Pour toutes ces raisons et face au péril de la pénétration du wokisme et de la montée de l'islamisme, la seule solution pour que la France conserve son identité, sa culture, sa civilisation, son âme et sa langue c'est de s'extraire des tentacules de l'Union Européenne.

D'ailleurs, dès le 16ᵉ siècle, le philosophe Jean Bodin soutenait que "*la Justice ne peut s'opérer que dans un état souverain.*"

TABLE DES MATIÈRES

Les exemples que je propose proviennent de ma propre expériience, soit en tant que simple citoyen, soit en fonction de mes activités professionnelles. Elles sont parfaitement véridiques.

Les autres ont été lus ou entendus dans les médias nationaux, locaux et même spécialisés.

Je me suis également inspiré de nombreux auteurs. Je pense en particulier au chapite 14. Des faits déjà rédigés dans un de mes livres : *Existences bouleversées*, à Jean Lopez pour son livre *Kharkov 1942*, à François-Georges Dreyfus pour : *Histoire de la Russie*, à plusieurs prestigieux écrivains hongrois ainsi que Catherine Horel pour : *Histoire de la nation hongroise*.

Pour l'explication détaillée sur le périple de l'Ocean Viking, je me suis tenu aux écrits de Damien Rieu, un politicien de Reconquête. Car si ses commentaires n'avaient pas été fondés, nul doute que la Presse Macronnienne aurait fondu sur lui pour lui trouver la moindre faute, même l'absence d'une virgule.